Michael Landgraf

Unsere Kirchen

Evangelisch – Katholisch – Ökumenisch

Calwer – EPV – RPE

Relibausteine primar – Unsere Kirchen

ISBN: 978-3-7668-4075-2 (Calwer)

ISBN: 978-3-938356-29-6 (RPE)

ISBN: 978-3-939512-16-5 (epv)

Satz: Evangelischer Presseverlag Pfalz GmbH, Speyer
Umschlaggestaltung: Karin Sauerbier, Stuttgart
Druck und Verarbeitung: Progressdruck GmbH, Speyer
Internet: www.calwer.com
www.presseverlag-pfalz.de
www.rpe-online.com
E-Mail: info@calwer.com
verlag@evpfalz.de

Inhalt

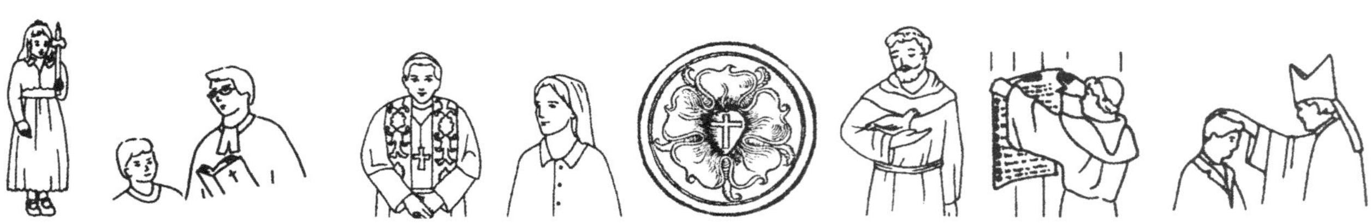

Unsere Kirchen
Evangelisch – Katholisch – Ökumenisch

Einführung

Kirche – damit sind meist das Kirchengebäude und die Gemeinde vor Ort gemeint (siehe hierzu „Kirche erkunden: Haus aus Steinen, Haus aus Menschen"). Kirche, das sind aber auch die vielfältigen Ausdrucksformen der christlichen Gemeinschaften weltweit.
Kinder erleben in einer globalisierten Welt bereits früh, dass es nicht nur eine Religion, eine Glaubensrichtung oder eine Kirche gibt. Sie begegnen hierzulande vielen **Religionen** – dem Christentum und beispielsweise rund drei Millionen Muslimen. Jede Religion unterteilt sich wiederum in **Glaubensrichtungen (= Konfessionen)** – ob im Judentum (orthodoxe und liberale Richtungen), im Islam (Sunniten und Schiiten) oder im Christentum (Katholiken, Evangelische und Orthodoxe). Aus diesen Konfessionen entstanden im Christentum konkrete **Glaubensgemeinschaften, die Kirchen.** Ein Kind, das in einer größeren Stadt lebt, hat Klassenkameraden, die katholisch sind und solche, die der evangelischen Landeskirche angehören. Dazu kommen Kinder ohne Religionszugehörigkeit sowie aus orthodoxen und freien christlichen Gemeinden. Kinder nehmen daher früh Unterschiede wahr, die sie alleine nicht verarbeiten können.
Eine Auseinandersetzung mit dem Thema „Glaubensrichtungen", konkret „Evangelisch – Katholisch", wird zwar in den meisten Plänen erst in der Klassenstufe 3/4 vorgeschlagen, doch ergeben sich, je nach Situation, bereits früher Fragen, die geklärt werden sollten. Schon bei der Trennung der Lerngruppe in einen evangelischen und katholischen Unterricht können diese Fragen aufbrechen.
Wichtig ist, darauf zu achten, dass es auch zu authentischen Begegnungen mit einer Religion, Konfession oder Kirche kommt. Daher ist das Modell einer „konfessionellen Kooperation" zu begrüßen. Wenn Kinder in Lerngruppen orthodoxen oder freien Gemeinden angehören, sollten auch diese Gemeinschaften, wenn die Kinder es möchten, besprochen werden.
Mit den vorliegenden Bausteinen können Kompetenzen im Umgang mit der eigenen und den fremden Konfessionen und Kirchen entwickelt werden. Dazu gehört, dass man um Unterschiede und Gemeinsamkeiten weiß. Dunkle Zeiten des Gegen- und Nebeneinanders sollten ebenso bedacht werden wie das Bemühen um das ökumenische Miteinander. Leitfragen des Bandes „Unsere Kirchen" sind:

- *Welche Religionen, Glaubensrichtungen (Konfessionen) und Glaubensgemeinschaften (Kirchen) gibt es?*
- *Wo liegen Unterschiede und Gemeinsamkeiten der katholischen und der evangelischen, aber auch der orthodoxen und der freien Kirchen?*
- *Wie gestaltete sich der Weg der Kirchen? (Entstehung der Konfessionen und Kirchen; besonderer Schwerpunkt: Reformation).*
- *Wo gibt es Gemeinsamkeiten, die den Weg des Miteinanders, der Ökumene, erleichtern?*

Was ist eine Kirche?

Kirche leitet sich von dem griechischen Begriff „kyriakos", „dem Herrn gehörend", ab. In der Zeit des Neuen Testamentes war damit die konkrete christliche Gemeindeversammlung gemeint (vgl. ReliBausteine „Kirche erkunden", S. 4–6). Erst später benannte man damit auch den Versammlungsort. Was eine Kirche ausmacht, lässt das neutestamentliche Zeugnis weitgehend offen. Es wird keine Zahl festgelegt, sodass kleine Gruppen, die sich im Namen Jesu versammeln, genauso als „Kirche" angesehen werden können wie große Organisationen (Mt. 18, 20).
Kirche wird meist über ihre Aufgaben definiert. Ein biblischer Grundtext hierzu ist Mt. 28,18–20: *„Und Jesus trat herzu und sprach zu ihnen: Mir ist gegeben alle Gewalt im Himmel und auf Erden. Darum gehet hin und machet zu Jüngern alle Völker: Taufet sie auf den Namen des Vaters und des Sohnes und des Heiligen Geistes und lehret sie halten alles, was ich euch befohlen habe. Und siehe, ich bin bei euch alle Tage bis an der Welt Ende."*
Die Taufe wird hier als konstituierendes Element für die Nachfolger Christi festgelegt.
Es folgt die Lehre, die Weitergabe der biblischen Botschaft, insbesondere dessen, was Jesus gesagt und getan hat. Dies kann in Form einer Katechese, also des Unterrichts, oder in Form einer Predigt geschehen.

Ein weiteres Element von Kirche ist der Gottesdienst, der im Namen des Vaters und des Sohnes und des Heiligen Geistes gefeiert wird. Er dient zur Erinnerung an die biblische Botschaft und zur Vergewisserung der Gemeinschaft. Dazu kommen die Aufgabenfelder des diakonischen Handelns und der Seelsorge.
Wer allerdings heute von Kirche spricht, spürt bald, dass es unterschiedliche Definitionen des Begriffes in den Glaubensgemeinschaften gibt. Schwierig wird es, wenn er abgrenzend formuliert ist. Der Satz „Extra ecclesiam salus non est" – „außerhalb der Kirche ist kein Heil zu finden" wird Cyprian von Karthago (um 200–258) zugeschrieben. Auch der Vorwurf, eine „Abspaltung" (= Sekte) zu sein, ist perspektivisch. Für die einen erscheinen evangelische Kirchen als Abspaltung von der „wahren" Kirche. Für die anderen hat die Kirche in Rom durch nicht biblisch zu begründende Dogmen den Weg des Evangeliums und der Kirche Jesu Christi verlassen. Während bei uns kleine freie Kirchen wie die Methodisten oder die Baptisten im Volksmund als „Sondergemeinschaft" gelten, haben sie in den USA die größte Mitgliederzahl und stellen Lutheraner und Katholiken in den Schatten. (Zum Sektenbegriff: ReliBausteine „Religion Sekte, oder ...?")

Kirche als Einheit oder in Verschiedenheit?

Gibt es einen idealen gemeinsamen Urzustand der christlichen Kirche?
Gerne wird heute auf einen solchen Urzustand verwiesen, wenn sich jemand umgangssprachlich einfach als „Christ" bezeichnet. Jedoch zeigen die Anfänge des Christentums, dass es diesen Urzustand nie gab. Im Neuen Testament wird vom „Apostelkonzil" berichtet (Apg. 15; Gal. 2), wo eine der ersten trennenden Fragen diskutiert wurde: Wie sollen Christen leben, die ehemals Heiden waren? Jesus und seine Jünger waren Juden und lebten nach dem jüdischen Gesetz. Sie waren als Zeichen des Bundes Gottes mit Abraham beschnitten, hielten die Speisegebote sowie die Festtraditionen und gingen regelmäßig in den Tempel. Als die ersten Nichtjuden Christen wurden, stellte sich die Frage: Sollen diese ebenfalls die in den Heiligen Schriften der Juden begründeten Gesetze übernehmen? Das „Apostelkonzil" unter der Führung von Petrus und Paulus entschied eine Trennung der Glaubenspraxis: Judenchristen sollten sich weiterhin an diese Gesetze halten, Heidenchristen jedoch nicht. Man akzeptierte also die kulturell bedingte Verschiedenheit, die zu unterschiedlichen Wegen und Glaubensgemeinschaften führte. Gleichzeitig suchte man nach dem Verbindenden. Paulus drückt dies mit dem Bild des Leibes aus: Die Gemeinschaft der Christen ist zu verstehen wie ein Leib, dessen Haupt Christus ist und dessen Glieder zusammenarbeiten müssen, damit das Ganze lebt. (1. Kor. 12, 12ff.; Eph. 4, 1ff.; Clemensbrief 46, 7).
Bedingt durch regionale und kulturelle unterschiedliche Entwicklungen, aber auch aufgrund differierender Antworten auf zentrale Fragen des Glaubens, entwickelten sich bald rund um das Mittelmeer Gemeinden unterschiedlicher Prägung.

Einige dieser Fragen waren:
Wer ist Jesus? War er mehr ein Mensch oder mehr göttlich?
Wie organisiert man eine Gemeinde? Hierarchisch oder demokratisch (synodal)?
Welche Rolle spielen kirchliche Amtsträger?
Gilt der Bischof von Rom als Nachfolger des Petrus und Stellvertreter Christi auf Erden, oder ist er nur ein Bischof unter vielen?
Sind Geistliche durch eine Weihe auf einer höheren Ebene als die Gemeindeglieder? Sollen sie daher zölibatär leben?
Wo liegt der Schwerpunkt im Gottesdienst? Beim Abendmahl? Bei der Predigt des Wortes Gottes? Oder ist der gesamte Gottesdienst ein Wechselspiel mit Gott?
Wie sind die Sakramente, besonders das Abendmahl, zu verstehen?
Welche Rolle spielen Bilder? Lenken sie vom Eigentlichen ab, oder sind sie wie ein Fenster zum Himmel?
Vor allem die Auffassung von Amt und Hierarchie sowie das Sakramentsverständnis (Wandlung) haben zu schwer überbrückbaren Haltungen geführt, erkennbar an römisch-katholischen und protestantischen Positionen. Hier steht das katholische Verständnis von Hierarchie und der Unfehlbarkeit des Papsttums gegenüber einem synodalen Kirchenverständnis. Bei der Frage nach dem Abendmahl ist das Verständnis der Transsubstantiation (Wesensverwandlung von Brot und Wein in den Leib und das Blut Christi) mit dem Gedanken des Gemeinschaftsmahls schwer vereinbar.
Derzeit spricht man im ökumenischen Miteinander vom Ziel der „versöhnten Verschiedenheit": Man weiß um die eigenen Vorstellungen und sucht nach Wegen, diese den anderen verständlich zu machen. Gleichzeitig sucht man

nach Wegen, miteinander zu feiern und auf der Handlungsebene miteinander tätig zu werden. Die Zusammenarbeit zeigt sich in Praxisfeldern wie bei der Ökumenischen Sozialstation vor Ort. Ein Forum des Austauschs bilden weltweit der Ökumenische Rat der Kirchen (ÖRK) sowie in Deutschland die Arbeitsgemeinschaft Christlicher Kirchen (ACK). Beide sind ein Forum für alle Kirchen, die sich austauschen wollen. Zur ACK gehören die evangelischen Landeskirchen, die katholischen Diözesen, orthodoxe Kirchen und auch einige Freikirchen.

Der lange Weg der Kirchen

Um die Verschiedenheit zu verstehen, muss man einen Blick in die Geschichte der Kirchen wagen – auch mit Kindern. Erst in Auseinandersetzung mit Weggabelungen der Kirchengeschichte wird die Eigenart mancher Glaubensgemeinschaft deutlich.
Strittige Fragen bildeten immer schon Grundlage für Klärungen. Die Auseinandersetzung um die Frage „Wer ist Jesus“ führte zu gemeinsamen Glaubensbekenntnissen: dem von Nicäa (325), dem Nicäo-Konstantinopolitanum (381) und schließlich dem Apostolischen Glaubensbekenntnis. Beachtenswert sind Haltepunkte der Kirchengeschichte:

- Um 33 bis 375: Entwicklung der christlichen Gemeinden unter der Verfolgung durch das Römische Reich. Seit Konstantin (312) Anerkennung und später römische Staatskirche.
- Um 375: Die Spaltung des Römischen Reiches in einen Ost- und Westteil ist Voraussetzung einer Trennung der orthodoxen Kirchen von der römischen Kirche (1054 endgültig vollzogen).
- Um 300–1000: Um 300 waren erste Christen in römischen Städten Germaniens; Taufe des Frankenkönigs Chlodwig durch Remigius (um 479). Die Christianisierung der Germanen dauerte weitere 500 Jahre.
- Ab 789: Karl der Große ordnet das Kirchenwesen: Liturgie und Heilige Schriften sollten in Latein vermittelt werden; Klöster wurden mit der Gründung von Schulen und der Weitergabe der christlichen Tradition beauftragt.
- 1517–1530: Reformation und Trennung der reformatorischen Kirchen (Lutheraner, Reformierte) von der Kirche in Rom.
- Ab etwa 1540: Beginn der Gegenreformation auf Grundlage des Konzils von Trient (1545–1563).
- Ab 1555: Glaubensflüchtlinge aufgrund der Regel des Augsburger Religionsfriedens (1555), „Cuius regio, eius religio“. Auswanderungsländer waren z.B. Amerika, Russland und Rumänien.
- 16.–17. Jahrhundert: Glaubenskriege mit dem Dreißigjährigen Krieg als Höhepunkt (1618–1648). In dessen Folge entstanden Pietismus und Aufklärung als Gegenbewegung gegen den Konfessionalismus.
- 16.–19. Jahrhundert: Gründung von evangelischen Staats- und Nationalkirchen (z.B. England, Schweden); in Deutschland: Landeskirchen.
- 16.–19. Jahrhundert: Entwicklung von Freikirchen (z.B. Baptisten, Mennoniten, Methodisten ...).
- 20. Jahrhundert: Internationale ökumenische Bewegung bis zur Gründung des Ökumenischen Rates der Kirchen (Sitz in Genf). Arbeitsgemeinschaft Christlicher Kirchen in Deutschland sucht nach einer „versöhnten Verschiedenheit.“

Reformation

Jährlich bietet der Reformationstag (31.10.) Anlass, über das Geschehen vor rund 500 Jahren nachzudenken. Martin Luther und die Reformatoren beeindrucken bis heute durch ihren Mut, für die Freiheit des Glaubens einzustehen. Doch waren sie Kinder ihrer Zeit, aufgewachsen in einer hierarchischen Ordnung der Welt und gefangen in Ängsten vor Hölle und Fegefeuer. Heiko Obermann hatte bereits Mitte der 1980er Jahre den menschlichen statt den heldischen Luther in den Vordergrund gerückt. Als Konsequenz seiner Angst ging Luther ins Kloster. Erst sein Studium der Bibel ließ ihn den barmherzigen Gott und ein neues Verständnis von der „Gerechtigkeit Gottes“ (Röm. 1, 17f.) entdecken. Seine 95 Thesen führten zu einem für die damalige Zeit normalen juristischen Verfahren. Als Luther seine Thesen nicht widerrief, wurde er exkommuniziert. Dies und sein Auftreten auf dem Reichstag zu Worms führten letztlich zur Bekanntheit der reformatorischen Ideen. Doch ohne den Schutz seines Landesvaters Friedrichs des Weisen wäre Luther vermutlich nur eine Episode der Geschichte geblieben, ein weiteres Opfer einer reformunwilligen und machtorientierten Kirche der Zeit. Neben Luther gab es jedoch weitere Reformatoren, die bedacht werden sollten: Philipp Melanchthon, der das Schulwesen organisierte, oder Huldrych Zwingli (Zürich) und Johannes Calvin (Genf), die den Grundstein für die reformierten Kirchen legten. Beachtenswert waren auch die Fürsten und freien Reichsstädte, die auf dem Reichstag in Speyer (1529) Einspruch (= Protestatio) erhoben, als der Kaiser im Reich die Reformation zurückdrängen wollte. Dies führte zum Begriff

„Protestanten", mit dem heute international die Anhänger reformatorischer Kirchen bezeichnet werden.
In Deutschland waren um 1570 über 70 % der Bevölkerung evangelisch. Daher wurde eine Gegenreformation begründet, deren Zeugen das Konzil von Trient (1545–1563) und der 1534 gegründete Jesuitenorden sind. Es wurden politische und missionarische Anstrengungen unternommen, um Fürsten und die Bevölkerung dem katholischen Glauben zuzuführen. Reformation und Gegenreformation führten zur Spaltung Deutschlands, die sich im Augsburger Religionsfrieden (1555) offenbarte: Der Herrscher eines Landes sollte über den Glauben seiner Untertanen bestimmen. Dies hieß Verfolgung und Ausweisung von Andersgläubigen, besonders wenn der Landesfürst die Konfession wechselte. Lange dauerte das Gegeneinander mit dem schrecklichen Höhepunkt des Dreißigjährigen Krieges (1618–1648). Bis vor wenigen Jahrzehnten herrschte noch ein Nebeneinander, bei dem konfessionsverschiedene Ehen oder der gemeinsame Schulbesuch nicht möglich waren. Erst in den letzten Jahren gibt es eine Normalisierung der Beziehungen.

Evangelisch – Katholisch

Das gespannte Verhältnis der Konfessionen zueinander hat wesentlich an Schärfe verloren. Nur noch in wenigen Regionen werden konfessionelle Unterschiede betont. Auch finden sich in jeder Lerngruppe Kinder, deren Eltern unterschiedlichen Konfessionen angehören. Andererseits stagniert der Dialog der Kirchen in den letzten Jahren. Die vom heutigen Papst Benedikt XVI. im Jahr 2000 verfasste Erklärung „Dominus Jesus" offenbarte, dass nach katholischem Verständnis andere Glaubensgemeinschaften nicht als „Kirche" im eigentlichen Sinne verstanden werden können. Auch Diskussionen über eine Ökumene unter dem Primat des Papsttums zeigen, dass grundlegende Fragen offen sind.
Besonders am **Amtsverständnis** werden die Probleme deutlich. Der Papst gilt als Stellvertreter Christi, als Nachfolger des Petrus und als unfehlbar in Glaubensfragen. Priester ist man aufgrund der Weihe in „apostolischer Sukzession" ein Leben lang. Demgegenüber stehen auf evangelischer Seite die synodale Verfassung sowie ein Verständnis vom Amt, das an Männer und Frauen nur für eine bestimmte Zeit übertragen wird.
Ein zweiter Streitpunkt ist die Lehre vom **Abendmahl** (Eucharistie). Auf katholischer Seite kann nur ein geweihter Priester die Gaben „wandeln" (Transsubstantiation). Bei den evangelischen Kirchen wird das Abendmahl als Gemeinschaftsmahl verstanden (Lutheraner: reale Gemeinschaft mit Christus; Reformierte: Tischgemeinschaft im Gedächtnis an Christus). Beim Ökumenischen Kirchentag 2003 in Berlin wurde deutlich, dass es auf dieser Grundlage keine evangelisch- katholische Abendmahlsgemeinschaft geben wird.
Während für Evangelische die Bibel allein Grundlage des Glaubens ist, gelten in katholischem Verständnis bipolar Bibel und Tradition (Entscheidungen der Kirche) als höchste Autorität. Dies zeigt sich besonders an den Mariendogmen, die mit der unbefleckten Empfängnis Marias (1854) und ihrer leiblichen Aufnahme in den Himmel (1950) erst spät dogmatisiert wurden und biblisch keine Grundlage haben. Trennend ist auch die Deutung dessen, was heilig ist – besonders in der Heiligenverehrung.
Offenbar werden die Traditionen an **Kirchenfesten.** An Fronleichnam wird das unterschiedliche Abendmahlsverständnis deutlich, wenn als sichtbares Zeichen die in der Monstranz präsentierte Hostie durch die Straßen getragen wird. Allerheiligen verweist auf den Glauben an das Eingreifen von Heiligen und deren Fürbitte bei Gott. Der Reformationstag soll aus protestantischer Sicht daran erinnern, dass Gott unverfügbar und Kirche immer nur etwas Vorläufiges ist (ecclesia semper reformanda – Kirche ist immer zu reformieren). Der Buß- und Bettag zeigt, wie wichtig für Protestanten persönliche Umkehr und Besinnung sind.

Allerdings muss im Dialog auch bedacht werden, dass es keine einheitliche evangelische Bewegung gibt. Neben den landeskirchlichen gibt es auch freie Gemeinden, die zur evangelischen Bewegung gezählt werden müssen (siehe hierzu: S. 10).

Orthodoxe Kirche

Die Auseinandersetzung mit der Orthodoxie bekommt durch Zuwanderer aus Griechenland, Serbien, Bulgarien und Russland ein Gewicht. Etwa 1,5 Millionen orthodoxe Christen leben in Deutschland. Der Name „orthodox" bedeutet, „Gott auf rechte Weise lobpreisen":

όρθος (orthos)	= wahr, richtig
δοξάζω (doxazo)	= lobpreisen

In der Regel gibt es orthodoxe Nationalkirchen – zum Beispiel die griechisch-, russisch-, serbisch-, bulgarisch- oder ukrainisch-orthodoxe Kirche. Diese zeigen eine starke Nähe zu regionalen kulturellen Traditionen. Probleme ergeben sich allerdings durch die oft enge Verbindung von Staat und Kirche (Staatskirchen). Die meisten orthodoxen Christen in Deutschland gehören der griechisch-orthodoxen Kirche an, deren Metropolit in Bonn residiert. Der Vorsteher einer orthodoxen Kirche wird Patriarch genannt. Vorsitzender aller orthodoxer Kirchen ist ehrenhalber der Patriarch von Konstantinopel.
Seit der Trennung in ein West- und ein Oströmisches Reich (um 375) bewegten sich die kirchlichen Traditionen auseinander. In der Frage der Bedeutung der Bilder gab es im 8. Jahrhundert einen ersten Streit. Im Jahre 1054 kam es zur endgültigen Teilung. Orthodoxe Christen erkannten den Papst in Rom nicht als gemeinsames Oberhaupt an und behielten die Tradition bei, dass Priester heiraten dürfen (nur ein Bischof darf nicht verheiratet sein).

Die Orthodoxe Kirche versteht sich in ihrem Amtsverständnis als eine, auf die irdische Welt projizierte, himmlische Hierarchie (Patriarch – Bischof – Gemeinde). Wie die evangelischen Kirchen haben sie allerdings ein synodales System. Auch gibt es unter den Patriarchen kein hierarchisches Primat.
Neben der Bibel haben die Aussagen der Kirchenväter Gewicht. Mönche sind Seelsorger und Bewahrer der orthodoxen Tradition, die oft streng asketisch leben. Wichtig sind Ikonen, die Fenster zum Himmel. Christus erscheint meist als „Pantokrator" (Allherrscher). Auch Maria wird als Gottesgebärerin in typischen Formen dargestellt. Das Osterfest und die Auferstehungsfreude bilden einen Höhepunkt im orthodoxen Glaubensleben. Die geschmückten Kirchen sowie die Liturgie sind ein Abbild des himmlischen Glanzes.
Während in den jeweiligen Ländern die orthodoxen Kirchen ein Primat besitzen und an Schulen nur ein orthodoxer Religionsunterricht angeboten wird (z.B. Griechenland), nehmen orthodoxe Kinder in Deutschland meist am evangelischen oder katholischen Religionsunterricht teil. Als Mitglieder der Arbeitsgemeinschaft Christlicher Kirchen (ACK) beteiligen sich orthodoxe Kirchen an diakonischen Aufgaben. Allerdings gibt es keine Abendmahlsgemeinschaft. Seit den 1990er Jahren gibt es ein neu gewonnenes Selbstbewusstsein der orthodoxen Kirchen durch den politischen Umbruch in Osteuropa.

Miteinander und Ökumene

Das Zusammenleben der Konfessionen, die Ökumene, leitet sich vom griechischen Begriff „oikos" (= Haus) ab. Wie es im Haus unterschiedliche Zimmer gibt, gibt es im Haus des Christentums unterschiedliche Richtungen (Stockwerke) und Gemeinschaften (Räume). Allerdings überspannt alle das Dach des gemeinsamen Glaubens an den dreieinigen Gott, der sein Wort in der Bibel offenbart. Institutionen wie der Ökumenische Rat der Kirchen (ÖRK) oder die Arbeitsgemeinschaft Christlicher Kirchen (ACK) bieten im gemeinsamen Haus einen Begegnungsraum, in dem man sich austauschen und gemeinsame Aktionen initiieren kann. In Deutschland bemüht sich die ACK, auf der Handlungsebene (Diakonie) zusammenzuarbeiten und liturgisch Wege zu suchen, wie man gemeinsam feiern und beten kann. Auf der Ebene der Ortsgemeinde gelingt die praktische Zusammenarbeit durch ökumenische Sozialstationen. Beispielsweise kann bei einem Expertengespräch geklärt werden, warum sich die Kirchen in besonderer Weise um hilfsbedürftige Menschen kümmern und warum es sinnvoll ist, dies ökumenisch zu tun.
Ein gutes Beispiel des Miteinanders sind ökumenische Gottesdienste wie beispielsweise der jährliche Weltgebetstag. Auch Schulgottesdienste werden meist ökumenisch gefeiert. Hierbei kann der Ablauf des Gottesdienstes selbst gestaltet werden (vgl. hierzu ReliBausteine „Kirche erkunden", S. 67–70). In manchen Bundesländern gibt es die Möglichkeit einer „konfessionellen Kooperation". Teile der Unterrichtseinheit können von der parallel unterrichtenden Lehrkraft übernommen werden, (z.B. gerade beim Thema „Evangelisch-Katholisch"), um eine au-

thentische Begegnung mit der anderen Konfession möglich zu machen.
Zu einem guten Miteinander gehört, dass man die Unterschiede und Besonderheiten kennt, aber nicht dabei stehen bleibt. Vielmehr sollte an Gemeinsamkeiten angeknüpft werden:

- der Glaube an Gott, Jesus Christus und den Heiligen Geist (Apostolisches Glaubensbekenntnis)
- der Glaube, dass die Heilige Schrift das Wort Gottes ist
- der Glaube, dass Gott den Menschen durch die Taufe in die Gemeinschaft der Kirche aufnimmt
- das gemeinsame Feiern von Festen wie Weihnachten, Ostern, Pfingsten, Erntedank
- der gemeinsame Einsatz für Menschen, die über Glaubensgrenzen hinweg Hilfe brauchen
- das universelle Streben nach Frieden, Gerechtigkeit und Bewahrung der Schöpfung
- die gemeinsame Hoffnung auf die Auferstehung und das Gottesreich

Ökumene ist eine Aufgabe und ein Ziel zugleich. Eine „versöhnte Verschiedenheit“, die um ihre verbindenden Elemente weiß, ist hierzu ein wichtiger erster Schritt.

Aufbau der Kirchen

Evangelische Kirche	Katholische Kirche	Orthodoxe Kirchen
Synode der Landeskirche + Kirchenregierung Synode im Kirchenbezirk Kirchengemeinderat + Pfarrerin/ Pfarrer Ohne Weisungsbefugnis: Evangelische Kirche in Deutschland – EKD	Papst als Stellvertreter Christi Kardinäle (wählen den Papst) Bischof Priester Ratgebend: Laiengremien (Pfarrgemeinderat; Katholikenrat)	Ökumenisches Konzil Selbstständige Nationalkirche + Partiarchen Bischöfe Gemeinde + Pfarrer

Gottesdienste

Evangelischer Gottesdienst (ohne Abendmahl)	Katholische Messe	Orthodoxer Gottesdienst
Eingangsteil Glockengeläut – Orgelvorspiel – Eingangslied – Eingangsvotum – Biblisches Eingangswort oder Psalm – Gebet – Lied ***Verkündigung und Predigt*** Schriftlesung – (Glaubensbekenntnis) – Lied – Kanzelgruß – Predigttext – Predigt – Lied – Gebet ***Ausgangsteil*** Vaterunser – Abkündigungen – Friedensgruß – Lied – Segen	***Eingangsteil*** Glockengeläut – Eingangslied – Schuldbekenntnis – Kyrie (Herr erbarme dich) – Gloria (Ehre sei Gott in der Höhe ...) – Gebet ***Verkündigungsteil*** Erste und zweite Lesung – Evangelium – Predigt – Glaubensbekenntnis – Fürbittengebet ***Eucharistiefeier*** Gabenbereitung: Gebet – Lobpreis - Wandlung Kommunion: Vaterunser – Brotbrechen – Opferungsgebet – Kommunionsspendung – Gesang – Schlussgebet ***Ausgangsteil*** Abkündigungen – Segen und Entlassung	***Rüsthandlung – Proskomidie*** Zurüstung der Liturgen und der Gaben ***Liturgie der Katechumenen*** Eingangssegen – Fürbittengebet – Psalmgebete (Antiphonen) „Kleiner Einzug“ mit dem Evangelienbuch – Trishagion und Stillgebet der Priester – Schriftlesung – Ektenie (großes Fürbittengebet mit und Entlassung der Katechumenen) ***Liturgie der Gläubigen*** Kleine Ektenie und Stillgebet der Priester – Hymnus und „Großer Einzug“ mit den heiligen Gaben – Großes Bittgebet – Opfergebet (Stillgebet) – Friedenskuss – Glaubensbekenntnis – Darbringung und eucharistisches Hochgebet (Anaphora) – Vorbereitung auf die Kommunion (Gebete und Vaterunser) – Erhebung, Brotbrechung, Vermischung der Elemente und Hinzufügen von Wasser – Kommunion – Danksagungsgebete, Entlassung und Segen – Küssen des Kreuzes

Weitere Begriffe und Beispiele von Konfessionen und Kirchen

Evangelisch
bedeutet, sein Leben nach dem Evangelium (= „Frohe Botschaft“ von Jesus Christus) auszurichten. In Deutschland werden so die Anhänger der Reformation genannt. Grundlage ist: Allein die Bibel und nicht die Tradition (Beschlüsse der Kirche) führen zum Seelenheil (sola scriptura).

Protestantisch
meint, dass jemand „öffentlich für etwas einsteht“. International werden evangelische Christen „Protestanten“ genannt. Der Begriff entstand um das Jahr 1529, als auf dem Reichstag zu Speyer evangelische Fürsten und Städte gegen das Vorhaben des Kaisers, überall im Reich wieder die Messen einzuführen, „Einspruch“ (= „Protestatio“) einlegten. Damit zeigt der Begriff das Laienelement der evangelischen Bewegung in besonderer Weise an.

Lutherische Kirchen
bezeichnen eine evangelische Glaubensrichtung, die sich primär an der Bibel, aber auch an den Bekenntnisschriften der evangelisch-lutherischen Kirche orientiert. Diese wurden von Martin Luther und anderen lutherischen Theologien (z.B. 1530 die Confessio Augustana von Philipp Melanchthon) verfasst. Die meisten lutherischen Kirchen in Deutschland gehören der Vereinigten Evangelisch-Lutherischen Kirche (VELKD) und international zumeist dem Lutherischen Weltbund an.

Reformierte Kirchen
auch Calvinisten genannt, gehen auf die Reformation in der Schweiz unter Huldrych Zwingli (1484–1531) und Johannes Calvin (1509–1564) zurück. International werden Reformierte auch „Presbyterianer“ genannt, weil bei ihnen das Presbyterium (Kirchengemeinderat) das entscheidende Gremium ist. Der „Reformierte Weltbund“ ist ihre Dachorganisation. Neben diesem Laienelement ist die starke Orientierung an der Bibel zentral: Alles was von ihr ablenken könnte, soll vermieden werden. So wurden aus Kirchen Bilder entfernt und die Liturgie stark um die Predigt herum konzentriert. Als Kirchenlieder wurden lange Zeit nur Psalmen im Gottesdienst gesungen.

Unierte Kirchen
haben meist im 19. Jahrhundert eine Vereinigung von Lutheranern und Reformierten innerhalb einer Landeskirche vollzogen. Sie können nur auf der Verwaltungsebene (Verwaltungsunion) oder auf der Grundlage eines gemeinsamen Bekenntnisses (Bekenntnisunion) vereinigt sein.

Freikirchen – Freie Gemeinden
gehören zur evangelischen Bewegung und haben teils ihre Wurzeln im radikalen Flügel der Reformation. Der Name bezeichnete früher vom Staat unabhängige Kirchen. Heute ist damit eine freiere Organisationsform (im Gegenüber zu einer Landeskirche) gemeint. Freie Gemeinden können in einer überregionalen Struktur verbunden (z.B. Baptisten) oder als freie Gemeinde vor Ort ungebunden sein. Das Gemeindeleben und der Ablauf des Gottesdienstes werden stark selbst bestimmt (Kongretionalismus).

Baptisten
(griech: untertauchen, taufen) sind eine evangelische Freikirche, die die Glaubenstaufe durch vollständiges Untertauchen praktiziert (Entscheidung erforderlich). Baptisten sind kongregationalistisch organisiert. Die Bibel gilt als alleinige Richtschnur. Predigen und taufen kann jedes Gemeindeglied. Auch gibt es keine festliegende Liturgie. Manche Gemeinden sind charismatisch und pflegen das offene Gebet. Für Kinder gibt es die „Sonntagsschule“ – eine Verbindung von Kindergottesdienst und Religionsunterricht. Den Sonntag verbringen Baptisten oft in der Gemeinschaft. Die ersten Baptistengemeinden wurden im 17. Jahrhundert gegründet. Über die Neue Welt kamen sie im 19. Jahrhundert nach Deutschland. Heute werden sie „Evangelisch-Freikirchliche Gemeinden“ genannt. In den USA sind sie die größte kirchliche Gruppierung. Weltweit treten Baptisten für Glaubens- und Gewissensfreiheit ein.

Methodisten
gehen zurück auf den englischen Reformer John Wesley (1703–1791) und gelten als Abspaltung vom Anglikanismus. Sie sind weltweit eine der größten evangelischen Konfessionen. In vielen Glaubensgrundsätzen stehen Methodisten den Reformierten nahe. Auf das soziale Engagement sowie den Einsatz für Frieden und Gerechtigkeit wird besonderen Wert gelegt. Bekannt wurden sie durch den Kampf gegen die Sklaverei und den Alkoholismus in den USA. Im Unterschied zu den Reformierten ist ein Bekehrungserlebnis wichtig. Erst so wird man ein „Gotteskind“. Es werden zwar auch Kinder getauft, doch in die Gemeinde wird man erst aufgenommen, wenn man sich persönlich zum Glauben bekennt. In Deutschland gibt es die Evangelisch-Methodistische Kirche und die Heilsarmee. Bischöfe haben pastorale Leitungsfunktion, doch sind die Einzelgemeinde, Synoden und Laienmitarbeiter von zentraler Bedeutung.

Mennoniten
sind evangelische Glaubensgemeinschaften, die auf die Täuferbewegung der Reformationszeit zurückgehen (friesischer Theologie Menno Simons; 1496–1561). Nach ihrer Vertreibung aus Mitteleuropa siedelten Mennoniten in Pennsylvania (z.B. die Amish), Kanada, Südamerika, Rumänien und Russland. Heute treten sie oft als „Mennonitische Brüdergemeinden“ auf und sind in der „Arbeitsgemeinschaft Mennonitischer Gemeinden“ vernetzt. Sie praktizieren die Taufe mündiger Christen, lehnen den Militärdienst und den Eid ab und versuchen, ein Leben auf Grundlage der Bibel zu führen. Einen festen Ablauf des Gottesdienstes gibt es nicht – Bibel und Predigt bilden das Zentrum. Die Bekehrung spielt eine große Rolle.

Pfingstkirchen – Pfingstbewegung
Pfingstkirchen sehen das Wirken des Heiligen Geistes im Vordergrund („Charismatiker“). Sie sind kongregationalistisch (Selbstständigkeit der Einzelgemeinde). Neben der Bibel wird auch auf die persönliche Bekehrung und die Erfahrung der Ausgießung des Heiligen Geistes Wert gelegt. Die Geistesgaben Heilungen, Prophetie und Zungenrede sind Kennzeichen einer lebenden Gemeinde. Der Gottesdienst soll lebendig sein. Wichtig sind Lobpreis und Anbetung. Eine Taufe gibt es nur im mündigen Alter. Wissenschaftliche Erkenntnisse, außerehelicher Geschlechtsverkehr und Homosexualität werden radikal abgelehnt.

Altkatholische Kirche
Sie trennte sich 1870 von der Römisch-katholischen Kirche. Der Grund war die Ablehnung neuer Dogmen: die Unfehlbarkeit des Papstes und die leibliche Aufnahme Marias in den Himmel (Mariä Himmelfahrt). Priester dürfen heiraten, und es gibt auch die Ordination von Frauen.

Didaktisch-methodische Überlegungen

Kinder sollen **Sicherheit im Umgang mit Glaubensrichtungen (Konfessionen) und Glaubensgemeinschaften (Kirchen)** bekommen. Sie lernen dabei Trennendes und Gemeinsamkeiten christlicher Kirchen sowie den Weg der Ökumene als versöhnte Verschiedenheit kennen. Folgende Aspekte und Teilkompetenzen sollen dabei bedacht werden:

Aspekt/Teilthema	Kompetenzen
Konfessionen und Kirchen Konfessionen (Glaubensrichtungen) und Kirchen (Glaubensgemeinschaften) als Ausdruck gelebten Glaubens unterschiedlicher Prägung • Leben in unterschiedlichen Kirchen • Feier unterschiedlicher Gottesdienste • Evangelische und katholische Besonderheiten	**Lernende können** • verschiedene Konfessionen und Kirchen unterscheiden • Grundzüge eines evangelischen, katholischen, freikirchlichen und orthodoxen Gottesdienstes darstellen • den orthodoxen Kirchenraum beschreiben • Besonderheiten der evangelischen und katholischen Kirchen erläutern
Der lange Weg der Kirche Weggabelungen in der Geschichte der Kirche • Kirchengeschichte im Überblick • Reformation • Gegeneinander – Nebeneinander	• den Weg der christlichen Kirchen in Grundzügen darstellen • Martin Luthers Lebensgeschichte erzählen • Anlass, Etappen und Wirkung der Reformation benennen • durch Befragen Älterer das Gegen- und Nebeneinander der Kirchen im eigenen Kontext beschreiben
Gemeinsam auf dem Weg: Ökumene • Gemeinschaftssymbole • Gemeinsamer Glaube an Gott, Jesus und den Heiligen Geist; gemeinsames Handeln; gemeinsames Feiern und Beten	• Symbole der Gemeinschaft (Schiff, Haus) erfassen • den gemeinsamen Glauben an Gott, Christus und den Heiligen Geist beschreiben • gemeinsame und konfessionell verschiedene Feste im Kirchenjahr unterscheiden

Konfessionen und Kirchen werden aus Menschen gebildet. Lernende können ihnen begegnen – in der Klasse, im Sportverein oder in der Nachbarschaft. Alle Materialien und unterrichtspraktischen Überlegungen basieren auf Begegnungen und Gesprächen, die in der religionspädagogischen Praxis umgesetzt werden können. Begleitend zu allen Bausteinen sollten, wenn möglich, Begegnungen vor Ort oder „Expertengespräche“ im Unterricht initiiert werden – mit Pfarrerinnen/Pfarrern, Verantwortlichen der Gemeinden oder mit Kindern selbst.
Hilfreich ist eine „konfessionelle Kooperation“, bei der katholische Lehrkräfte evangelischen Kindern und evangelische Lehrerinnen/Lehrer den katholischen Kindern etwas über ihre eigene Konfession erzählen.
Aufgabe ist es, Lernende für Unterschiede und Gemeinsamkeiten zwischen den Glaubensrichtungen und Kirchen sensibel zu machen. Dabei geht es primär um einen Überblick, um die eigene Kirche besser kennenzulernen und andere einordnen zu können. Das Entdecken von Unterschieden und Gemeinsamkeiten fördert die religiöse Orientierung.
Ausgangspunkt ist die Klärung der Begriffe Religionen – Glaubensrichtungen (Konfession) – Glaubensgemeinschaft (Kirchen), die Kindern bis in die Sekundarstufe oft schwer fällt. Dabei wird ein Überblick über die wichtigsten Konfessionen und Kirchen hierzulande gegeben.
Aus der Sicht von vier Kindern folgen jeweils die Beschreibung der eigenen Kirchengemeinschaft und deren Gottesdienst. In Ergänzung zu den ReliBausteinen „Kirche erkunden“ wird der orthodoxe Kirchenbau und die Bedeutung der Ikonen beschrieben.
Die wichtigsten Unterschiede zwischen Evangelischen und Katholiken sollen im Überblick erfasst werden, gefolgt von Materialien zur

Struktur der Kirchen allgemein, zu den Geistlichen, den Sakramenten, den Feiertagen und der Einstellung gegenüber Heiligen sowie der Beschreibung, was Mönche, Nonnen und Diakonissen sind.
In Form eines Interviews werden die Bausteine „Konfirmation“, „Kommunion“ und „Messdiener“ angeboten. Diese sollen motivieren, selbst ein Interview durchzuführen. Der Aspekt „Erstkommunion“ sollte nach dem „Weißen Sonntag“ in der dritten Klasse behandelt werden, wenn in der Regel die katholischen Kinder der Klasse diese hinter sich haben.
„Der lange Weg der Kirchen“ bietet einen groben Überblick zum Verständnis der Entwicklung der Konfessionen. Detailliert werden hingegen anhand der Lebensgeschichte Martin Luthers die Reformation und die Entstehung der evangelischen Kirche dargestellt. Diese Bausteine können gruppenteilig oder als Lernstraße arrangiert werden. Die Bilder eignen sich auch für die Gestaltung eines Luther-Buches, bei dem die Grafik kopiert, eingeklebt und das dazugehörige Ereignis zusammengefasst werden kann:

Inhalt	
• Martin Luthers Angst • Martin Luther wird Mönch • Martin Luthers Entdeckung • Martin Luther kämpft gegen den Ablass • Hier steh ich nun – vor dem Kaiser in Worms • Martin Luther übersetzt die Bibel • Martin Luther erneuert die Kirche	**Mein Luther-Buch** 

Martin Luther	kämpft gegen den Ablass
	Zusammenfassung ...

Ergänzt werden kann das Büchlein durch Elemente wie „Martin Luther als Liederdichter“ mit einem Lied der Reformationszeit (z.B. „Ein feste Burg ist unser Gott“) und durch kurze Steckbriefe der anderen Gestalten der Reformation, wenn man zeigen will, dass Martin Luther nicht alleine war.
Ebenfalls durch Expertengespräche (alte Menschen, die sich an die Zeiten noch erinnern) kann der Aspekt „Gegeneinander und Nebeneinander“ ergänzt werden. Bis Ende der 1960er Jahre gab es noch konfessionell getrennte Schulen. Viele ältere Menschen können von den Problemen beim Schließen einer konfessionsverschiedenen Ehe berichten und welche Konflikte es zwischen Protestanten und Katholiken früher gab.

Der gemeinsame Weg, der durch die Symbole Haus und Schiff dargestellt wird, kann auch kreativ in ein eigenes Symbol für Gemeinschaft münden. An Gemeinsamkeiten sollten, wenn möglich im Gespräch, die Grundlagen des trinitarischen Glaubens (Gott, Sohn, Heiliger Geist) sowie der Einsatz für andere besprochen werden. Die meisten Kirchenfeste im Jahr werden gemeinsam gefeiert. Hierzu können die Kinder mithilfe der Kurzinfos einen Kalender anfertigen, bei dem gemeinsame rein evangelische und rein katholische Feiertage farblich unterschiedlich gekennzeichnet werden. Schließlich bildet das Vaterunser das gemeinsame Gebet aller Christen.
Die abschließenden Spiele und das Rätsel dienen zur Wiederholung. Zur Vorbereitung des Kirchenspiels sollten Spielfeld und Karten auf Din A3 kopiert und laminiert werden. Die Karten haben eine Vorder- (Bild) und eine Rückseite (Text). Die Bildseite wird dem Spieler gezeigt. Sie liegt auf dem Spielfeld oben. Die Textseite liegt verdeckt und wird dem Spieler vom Nächsten in der Reihe vorgelesen. Wenn er die richtige Antwort nennt, darf er die Karte behalten (weitere Spielregeln auf dem Spielplan).

Bildseite: liegt oben	***Textseite: Liegt verdeckt und wird vom nächsten Spieler vorgelesen***
Papst 	... ist das Oberhaupt aller Christen ... ist der höchste evangelische Pfarrer **x** ist das Oberhaupt der katholischen Kirche

Ergänzend zu dem Material kann man einen **„Evangelisch-Katholisch-Koffer“** packen. Beate Haude, Schulreferentin in Wuppertal, hat hierzu einen evangelischen Lernkoffer konzipiert, bei dem sie folgende Gegenstände mit einer Kurzbeschreibung „einpackte“:

- **Evangelisches Gesangbuch:** Hierin sind die wichtigsten Texte und Lieder für evangelische Christen sowie der Ablauf des Gottesdienstes und vieles mehr zu finden. Das Gesangbuch könnte beispielsweise durch das katholische „Gotteslob“ ergänzt werden.
- **Foto evangelische Kirche:** Typisch evangelische Kirche – im Vergleich zu einem katholischen Kircheninnenraum.
- **Foto evangelische Pfarrerin (verheiratet) mit Beffchen:** ergänzt durch ein Interview und einen Terminplan – im Vergleich zu einem Interview mit einem katholischen Priester.
- **Kirchentagsschal:** Hier wird das Ereignis „Kirchentag“ kurz beschrieben. Ergänzt werden kann dies durch die Beschreibung eines Katholikentages, einer Messdienerwallfahrt oder des Weltjugendtages auf katholischer Seite.
- **Evangelisches Religionsbuch:** als Zeichen für den Anspruch auf Bildung (wenn Schülerinnen/Schüler kein eigenes Religionsbuch haben).
- **Bibelausgabe:** als Kennzeichen dafür, dass die Bibel in der evangelischen Kirche das Wichtigste ist (Lutherbibel als Standardtext). Ergänzt werden kann die evangelische Bibel durch die katholische Einheitsübersetzung und eine dogmatische Verlautbarung (als Zeichen des Miteinanders von Bibel und Tradition).
  Hier können die Inhaltsverzeichnisse der Bibeln miteinander verglichen werden, wodurch deutlich wird, dass die biblischen Namen sowie die Ordnung der biblischen Bücher unterschiedlich sind.
- **Logo Kirche mit Kindern**: als Kennzeichen dafür, dass sich Kirche um Kinder kümmert – ergänzt durch ein entsprechendes Angebot von katholischer Seite.
- **Sammelbüchse** (z.B. der Diakonie) als Zeichen für den diakonischen Auftrag der Kirche – entsprechend eine Büchse aus dem katholischen Bereich.
- **Wahlbenachrichtigungskarte** (Wahl zum Kirchengemeinderat), die deutlich macht, dass in der evangelischen Kirche Verantwortliche gewählt werden. Ergänzt werden kann dies durch einen Hinweis auf die Pfarrgemeinderatswahl (Unterschied: Im evangelischen Kirchengemeinderat haben Pfarrerinnen/Pfarrer nur eine Stimme, im katholischen Pfarrgemeinderat hat der Priester das letzte Wort).

Ausgewählte Literatur und Materialhinweise

- in Religion 7/2002: Evangelisch – katholisch. Unterrichtsmaterialien Sek I, Aachen 2002
- Beck, Susanne, u.a.: Vorlesebuch Ökumene: Geschichten vom Glauben und Leben der Christen in aller Welt, Lahr 1991
- Evang. Akademie Tutzing (Hg), 1000 Jahre Kirche in Russland, Tutzing 1987
- Feil-Götz, Elvira, u.a.: Martin Luther und seine Zeit. Materialien für die Grundschule, Stuttgart 1996
- Frieling, Reinhard: Katholisch und Evangelisch. Informationen über den Glauben, Göttingen 2007
- Huber, Wolfgang: Der christliche Glaube. Eine evangelische Orientierung, Gütersloh 2008
- Küstenmacher, Tiki: Der Anschlag in Wittenberg, München 1997
- Küstenmacher, Werner: Tikis Evangelisch-Katholisch-Buch, Stuttgart 2007
- Kurtzweil, Rita/Landgraf, Michael/Vidal, Gerhard: Wir sind Protestanten (Religionspädagogische Hefte), Speyer 2004
- Landgraf, Michael: Kirche erkunden (ReliBausteine primar), Stuttgart/Speyer 2009
- Landgraf, Michael: Reformation (ReliBausteine sekundar), Speyer/Stuttgart 2008 (2. Aufl.)
- Meyer-Blanck, Michael/Fürst, Walther: Typisch katholisch – typisch evangelisch, Reinach (CMZ) 2009
- Möller, Bernd: Deutschland im Zeitalter der Reformation, Göttingen 1999
- Obermann, Heiko: Luther. Mensch zwischen Gott und Teufel, München 1986
- Rössler, Andreas: Evangelisch – Katholisch. Grundlagen – Gemeinsamkeiten – Unterschiede, Gütersloh 2006
- Schmid, Tobias: Die Messfeier den Kindern erklärt, Kevelaer 2003
- Schwickart, Georg: Katholisch und Evangelisch den Kindern erklärt, Kevelaer 2008
- Thöle, Reinhard (Hg.): Zugänge zur Orthodoxie (Bensheimer Hefte 68), Göttingen 1998 (3. Aufl.)
- Vorlesebuch Ökumene: Geschichten vom Glauben und Leben der Christen in aller Welt (insbesondere die Geschichten 9, 18, 19, 20, 24, 51 und 52), hg. von Susanne Beck u.a., Lahr 1991
- Zitelmann, Arnulf: Widerrufen kann ich nicht. Lebensgeschichte des Martin Luther, Weinheim 1999

Überblick über die Bausteine

Zugänge

Titel	Lernende können …	Schwierigkeitsgrad	Seite
Religionen – Glaubensrichtungen – Kirchen	… mithilfe der Informationen die Begriffe „Religion", „Konfession" (Glaubensrichtung) und „Kirche" (Glaubensgemeinschaft) unterscheiden.	🔔	16
Der Kirchenbaum	… die wichtigsten christlichen Glaubensrichtungen und Glaubensgemeinschaften und deren Besonderheiten grob benennen.	🔔🔔	17–19
Evangelisch – Katholisch – Ökumenisch	… in einem ersten Schritt Begriffe zuordnen, die Besonderheiten und Gemeinsamkeiten spiegeln, um sie später zu überprüfen und gegebenenfalls zu korrigieren.	🔔	20

Konfessionen und Kirchen

Titel	Lernende können …	Schwierigkeitsgrad	Seite
Meine evangelische Kirche **Meine katholische Kirche** **Meine freie Gemeinde** **Meine orthodoxe Gemeinde**	… anhand der Erzählung von Sebastian, Marie, Rebekka und Janni beschreiben, wo die Besonderheiten der Glaubensrichtungen und Gemeinden liegen. Hinweis: Mit den Materialien sind gruppenteilige Arbeit, Projekte sowie die Vorbereitung des Besuchs einer Gemeinde möglich.	🔔🔔	21–24
Im evangelischen Gottesdienst (GD) **Im katholischen GD** **Im GD einer Freikirche** **Im orthodoxen GD**	… Formen des Gottesdienstes unterscheiden und benennen, wo der jeweilige Schwerpunkt liegt. Hinweis: Mit den Materialien sind gruppenteilige Arbeit, Projekte sowie die Vorbereitung des Besuchs eines Gottesdienstes möglich. Ergänzend kann aus Gesangbüchern die Liturgie an die Hand gegeben werden. Hierzu auch die Elemente des Gottesdienstes in ReliBausteine „Kirche erkunden" (S. 67–70).	🔔🔔	25–28
In einer orthodoxen Kirche **Ikonen**	… Elemente einer orthodoxen Kirche beschreiben. … die orthodoxe Sichtweise von Ikonen darstellen.	🔔🔔	29–30
Grundwissen: Evangelische und katholische Kirche	… das landeskirchliche und synodale System evangelischer Kirchen vom System der bischöflich geführten Diözesen unterscheiden.	🔔🔔	31
Was tragen Pfarrerinnen und Pfarrer	… die Kleidung evangelischer Pfarrerinnen/Pfarrer, katholischer Priester und Bischöfe sowie orthodoxer Priester erkennen und Details benennen.	🔔	32
Evangelisch – Katholisch: Unterschiede	… anhand der Karten Besonderheiten der evangelischen und katholischen Glaubensrichtung differenzieren.	🔔🔔	33–34
Evangelische und katholische Feste	… die wichtigsten evangelischen und katholischen Feiertage im Kirchenjahr unterscheiden.	🔔	35
Sakramente	… das Sakramentsverständnis unterscheiden sowie die gemeinsamen und zusätzlichen Sakramente der katholischen Kirche benennen.	🔔🔔	36–37
Meine Konfirmation	… mithilfe des Interviews das Anliegen des Konfirmandenunterrichts und Elemente des Gottesdienstes beschreiben sowie selbst ein Interview mit einem Konfirmanden führen.	🔔🔔	38
Meine Erstkommunion	… mithilfe des Interviews die Vorbereitung und Feier der Erstkommunion darstellen oder selbst ein Interview mit einem Kind führen, das Erstkommunion hatte.	🔔🔔	39
Was machen Messdiener?	… anhand des Interviews die wesentlichen Aufgaben von Messdienerinnen/Messdienern nachvollziehen oder selbst ein Interview mit einer/einem führen.	🔔🔔	40
Heilige	… das evangelische und katholische Verständnis von „heilig" differenzieren sowie die Lebensgeschichte verschiedener „Heiliger" der katholischen Kirche darstellen.	🔔🔔	41–43
Leben für Gott und die Menschen	… beschreiben, wie ein Leben, das ganz Gott und den Menschen gewidmet ist (Mönche, Nonnen und Diakonissen), aussehen kann. Recherchemöglichkeit: Welche Mönchs- und Nonnenorden gibt es? Wo gibt es in der Nähe Einrichtungen von Diakonissen?	🔔	44

Der lange Weg der Kirchen

Titel	Lernende können …	Schwierigkeitsgrad	Seite
Eine kurze Geschichte der Kirche	… im Überblick Wendepunkte der Konfessions- und Kirchengeschichte benennen.	🔔🔔🔔	45–47
Martin Luther und seine Angst **Martin Luther wird Mönch** **Martin Luthers Entdeckung** **Martin Luther kämpft gegen den Ablass** **Martin Luther gegen Papst und Kaiser** **Martin Luther übersetzt die Bibel** **Martin Luther erneuert die Kirche** **Die Reformation geht um die Welt**	… die Lebensgeschichte von Martin Luther und die Anfänge der Reformation darstellen. … die Ängste der Menschen vor 500 Jahren und die Antwort der Kirche darauf benennen. … anhand von Luthers Entdeckung der Gerechtigkeit und Liebe Gottes die Bedeutung der Bibel in diesem Geschehen erläutern. … die Entstehung und Entwicklung der evangelischen Kirchen in ihren Anfängen ansatzweise beschreiben sowie Namen von Reformatoren zuordnen.	🔔–🔔🔔 🔔🔔🔔	48–55
Gegeneinander und Nebeneinander	… aus der Geschichte Beispiele des Gegeneinander und Nebeneinander wiedergeben und gezielt ältere Menschen nach ihren Erinnerungen befragen.	🔔🔔	56

Ökumene: Gemeinsam auf dem Weg

Titel	Lernende können …	Schwierigkeitsgrad	Seite
Gemeinsam in einem Boot	… das Ökumenezeichen deuten und gemeinsame Aufgaben der Kirchen bekennen.	🔔	57
Gemeinschafts-Haus	… das Bild vom Haus (oikos) deuten und ein eigenes Symbol für die Gemeinschaft unter einem Dach entwickeln.	🔔	58
Gemeinsamer Glaube an Gott	… den Glauben an Gott als Gemeinsamkeit benennen und den biblischen Glauben an die Schöpfermacht Gottes beschreiben.	🔔🔔	59
Gemeinsamer Glaube an Jesus Christus	… den Glauben an Jesus Christus als gemeinsame Wurzel benennen und die für sie wichtigsten Jesusgeschichten zusammenfassen.	🔔🔔	60
Gemeinsamer Glaube an den Heiligen Geist	… den gemeinsamen Glauben an den Heiligen Geist benennen und beschreiben, was eine gute Gemeinschaft ausmacht.	🔔🔔	61
Gemeinsamer Einsatz für andere	… den Einsatz für andere als gemeinsame diakonische Aufgabe und die Hilfswerke der Kirchen beschreiben.	🔔🔔	62
Gemeinsam feiern: Kirchenfeste	… die Kirchenfeste im Kirchenjahr zusammenfassen und danach unterscheiden, ob sie gemeinsam oder nach Konfessionen getrennt gefeiert werden.	🔔	63–65
Das Gebet aller Christen	… das Vaterunser in der richtigen Reihenfolge ordnen und Bewegungen dazu gestalten.	🔔	66

Zur Vertiefung

Titel	Lernende können …	Schwierigkeitsgrad	Seite
Evangelisch-katholischer Buchstabensalat	… mithilfe der Rätsel-Übung Grundbegriffe zum Thema „Evangelisch-Katholisch“ erkennen.	🔔	67
Das Kirchenspiel	… mithilfe der Fragen im Spiel ihr Grundwissen über Glaubensrichtungen und Kirchen anwenden.	🔔🔔	68–71

Religionen – Glaubensrichtungen – Kirchen

Auf der Welt gibt es viele **Religionen:** Das Judentum, das Christentum, den Islam. Es gibt die Religionen Asiens: Buddhismus und Hinduismus. Viele Menschen in Asien, Afrika oder Amerika gehören aber auch einer Naturreligion an.
In den Religionen gibt es mehrere **Glaubensrichtungen (= Konfessionen).** Sie zeigen: Es gibt verschiedene Wege, wie Menschen ihren Glauben leben. Im Christentum gibt es beispielsweise die katholische, die evangelische und die orthodoxe Glaubensrichtung.
Aus Glaubensrichtungen entstehen **Kirchen.** So gibt es die Römisch-katholische Kirche und die Altkatholische Kirche.

Die großen evangelischen Kirchen sind Landeskirchen. Sie heißen zum Beispiel „Evangelisch-Lutherische Kirche in Bayern" oder „Evangelische Kirche im Rheinland".
Freikirchen sind von der Idee her auch evangelisch. Sie haben aber eigene Kirchengemeinschaften und gehören nicht zu den evangelischen Landeskirchen. Es gibt Kirchen wie die Baptisten und die Methodisten, aber auch viele kleine Gemeinden, die eigenständig sind.
Aus der orthodoxen Glaubensrichtung entstanden in verschiedenen Ländern eigene Kirchen. So gibt es die Griechisch-Orthodoxe, die Russisch-Orthodoxe, oder die Serbisch-Orthodoxe Kirche.

☞ Ordne der jeweiligen Überschrift zu:

Religion	Glaubensrichtung	Kirche

Judentum - evangelisch - Griechisch-Orthodoxe Kirche - katholisch -
Evangelische Kirche im Rheinland - Römisch-Katholische Kirche in Deutschland -
Buddhismus - Islam - Freie Christengemeinde Neustadt -
orthodox - Hinduismus - Baptistische Kirche - Altkatholische Kirche -
Russisch-Orthodoxe Kirche- Christentum

Der Kirchenbaum

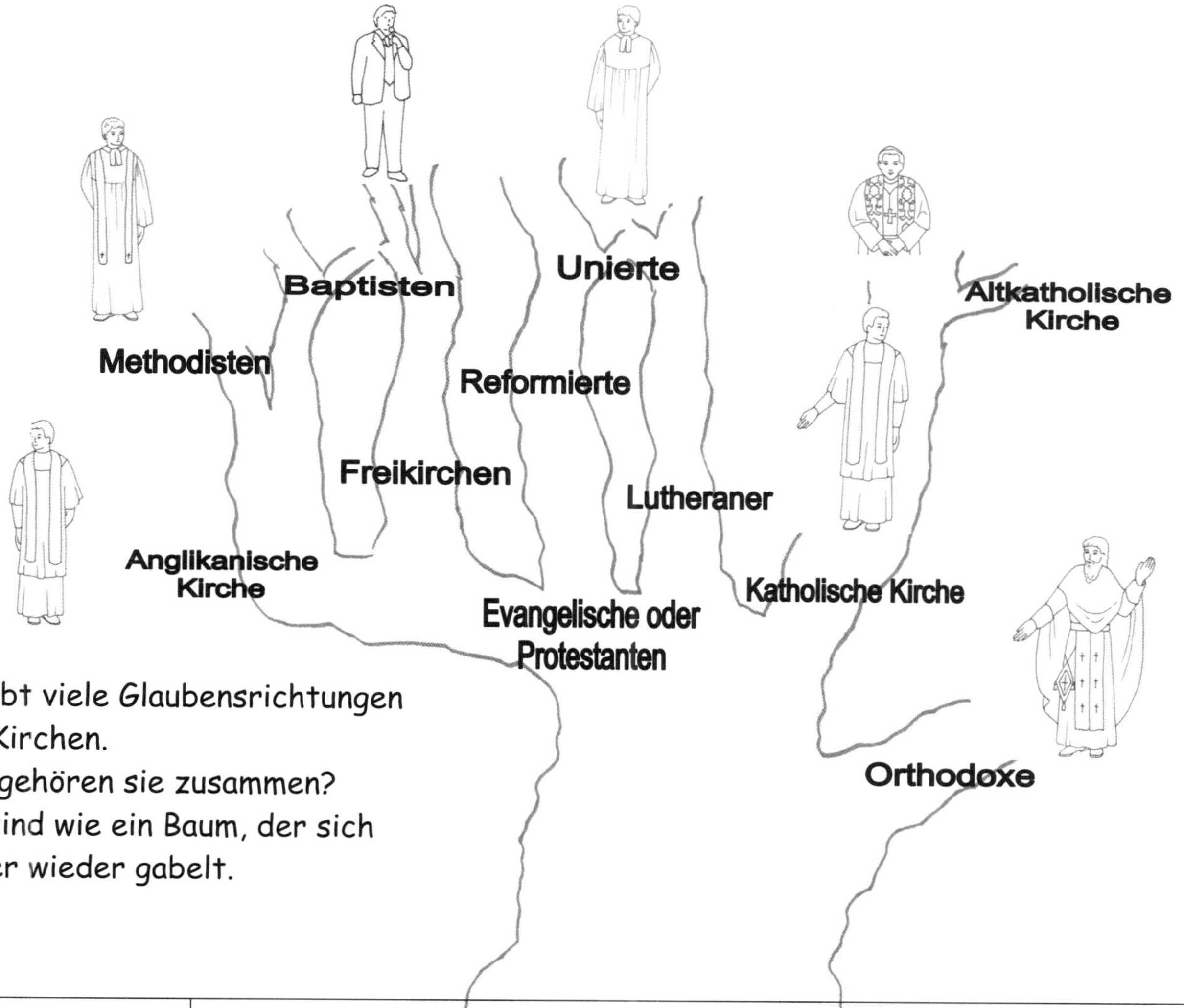

Es gibt viele Glaubensrichtungen und Kirchen.
Wie gehören sie zusammen?
Sie sind wie ein Baum, der sich immer wieder gabelt.

	**Orthodoxe Kirchen** Orthodox heißt: Gott „auf richtige Weise verehren". Vor etwa 1000 Jahren trennten sich die orthodoxe und die katholische Kirche endgültig. Heute gibt es beispielsweise eine russische, griechische und serbische Kirche. Orthodoxe Priester tragen prächtige Gewänder und meist einen Bart. Sie dürfen heiraten. Der Gottesdienst, das Gebet zu Hause und Bilder (Ikonen) sind für orthodoxe Christen wichtig.

	**Katholische Kirche** Katholisch meint „alles umfassend". Der Papst (Bild) hat in der Kirche das letzte Wort. Weil die Stadt Rom das Zentrum ist, nennt man die Kirche auch „römisch-katholisch". Der katholischen Kirche sind sowohl die Bibel als auch die Beschlüsse der Kirche und aller Päpste (Tradition) wichtig. Nur Männer dürfen Priester werden. Sie dürfen nicht heiraten.

Altkatholische Kirche

Um das Jahr 1870 trennten sich die Altkatholiken von ihrer Kirche, weil festgelegt wurde, dass der Papst keine Fehler in Glaubensfragen machen kann (= Unfehlbarkeit). Die Altkatholiken behielten den Gottesdienst bei, doch ihre Pfarrer durften heiraten. Inzwischen gibt es auch altkatholische Pfarrerinnen.

Evangelische Kirche

... kommt von Evangelium (= die „Frohe Botschaft"). Evangelien sind vier Bücher der Bibel, die von Jesus erzählen. Martin Luther entdeckte: Allein die Bibel zeigt die Frohe Botschaft, dass Gott uns in allem beisteht. Es gibt unter den Evangelischen lutherische, reformierte oder unierte (=vereinigte) Kirchen. Und es gibt evangelische Freikirchen, die ihre eigenen Wege gehen.

Protestanten

... ist ein Name für evangelische Christen. Protestantisch meint, dass jemand für etwas einsteht. Das Wort erinnert daran, dass im Jahre 1529 evangelische Fürsten und Oberhäupter der Städte gegen den Kaiser „protestiert" haben. Er wollte nämlich, dass es in seinem Reich nur noch katholische Gottesdienste gibt. Weil die Evangelischen nicht nachgaben, nannte man sie „Protestanten".

Lutheraner

... sind evangelische Christen. Neben der Bibel sind ihnen auch die Lehren von Martin Luther wichtig. Lutherische Kirchen sehen geschmückter aus und die Gottesdienste sind ausführlicher als bei anderen evangelischen Richtungen. Lutherische Pfarrerinnen und Pfarrer erkennt man an dem gespreizten Beffchen.

Reformierte

... sind evangelische Christen, für die allein die Bibel wichtig ist. In der Kirche oder dem Gottesdienst soll nichts davon ablenken. Reformierte gehen auf die Erneuerung der Kirche vor 500 Jahren in der Schweiz zurück. Wichtig war Johannes Calvin. Daher werden Reformierte auch „Calvinisten" genannt. Kennzeichen ist das zusammengenähte Beffchen.

Unierte
Wenn Reformierte und Lutheraner sich in einer Landeskirche zusammengeschlossen haben, heißt die Kirche „uniert“ (= vereinigt). Pfarrerinnen und Pfarrer einer unierten Kirche tragen ein halb zusammengenähtes Beffchen.

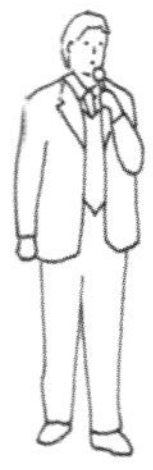

Freikirchen
... gehören zur evangelischen Glaubensrichtung. Für sie ist die Bibel das Wichtigste. Sie gehen einen anderen Weg als die großen Landeskirchen, denn bei ihnen sorgt meist die einzelne Gemeinde für sich selbst. In vielen Freikirchen werden Kinder erst getauft, wenn sie sich selbst für den Glauben entscheiden können.

Baptisten
... sind eine Freikirche. Sie glauben: Erst wenn man sich für den Glauben entscheiden kann, soll man sich taufen lassen. Die einzelne Gemeinde hat eine große Bedeutung.
Die Baptisten sind hier eine kleine Kirche. In den USA sind die Baptisten die größte Glaubensrichtung.

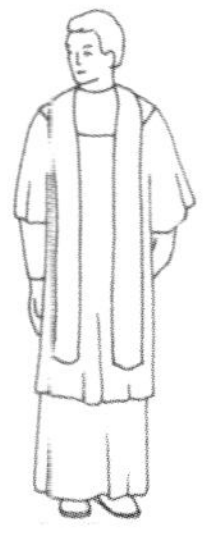

Anglikanische Kirche
Vor rund 500 Jahren wollte der König von England sich nichts mehr vom Papst in Rom sagen lassen. So entstand eine eigene englische Kirche – die Anglikaner. Das Oberhaupt der Kirche ist die Königin oder der König von England. Der Gottesdienst und die Kleidung der Priester erinnern stark an die katholische Kirche. Doch sie haben ihre eigenen Glaubensgrundsätze.

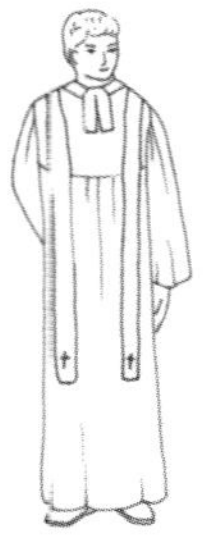

Methodisten
... sind bei uns eine Freikirche. Sie spalteten sich in England von der anglikanischen Kirche ab. Ihnen war der Glaube nicht ernst genug. Deshalb stellten sie Regeln auf, wie man sein Leben eng nach den Geboten Gottes ausrichtet.
Die methodistische Kirche ist in Deutschland eine kleine Freikirche. In den USA ist sie eine der größten Kirchen.

☞ Einen Kirchenbaum kann man selbst herstellen. Nimm dazu ein großes Blatt Papier (Din A2) und male den Baum und die Äste. Schneide die Erklärungen aus und klebe sie auf. Wenn du weitere Glaubensrichtungen kennenlernst, kannst du sie ergänzen.

Evangelisch – Katholisch – Ökumenisch?

Immer wieder tauchen Begriffe auf, wenn es um die evangelische oder katholische Kirche geht.
Du kannst sie zunächst mit Bleistift eintragen.
Überprüfe deine Zuordnung, wenn du mehr darüber weißt.

Evangelisch	Katholisch

Ökumenisch (Gemeinsam)

Beichtstuhl – Konfirmation – Sternsinger – Pfarrerin – Reformationstag – Priester – Diözese – Allerheiligen – Weihnachten – Bibel – Ostern – Papst – Weihwasser – Gott – Kommunion – Pfingsten – Fronleichnam – Messdiener – Talar – Altar – Taufe – Heiligenfiguren – Gott – Vaterunser – Messgewand – Stola – Erntedank – Landeskirche – Buß- und Bettag – Beffchen – Kirchentag – Wallfahrt

Meine evangelische Kirche

Ich heiße Sebastian und bin **evangelisch**.

Für uns evangelische Christen ist die Bibel besonders wichtig. Martin Luther hatte entdeckt, dass in der Bibel alles über Gott steht. Die Kirche muss sich daher nach der Bibel richten.
Weil die Bibel wichtig ist, steht in unserem Gottesdienst die Predigt im Mittelpunkt. Da erzählt die Pfarrerin oder der Pfarrer etwas über einen Text der Bibel. Früher habe ich von der Predigt kaum etwas verstanden. Daher ging ich in die Kinderkirche, wo man uns Kindern die Bibelgeschichten erklären konnte. Inzwischen verstehe ich aber vieles besser.
Bei uns gibt es den Religions- und den Konfirmandenunterricht. Darin lernen wir vieles, was man über Gott, die Welt und uns selbst wissen muss. Wir sollen ja mitreden können. Überhaupt ist das Mitreden eine wichtige Sache bei uns. Wir dürfen mit 14 Jahren den Kirchengemeinderat wählen und mit 18 Jahren selbst gewählt werden. Pfarrerinnen oder Pfarrer haben in ihm nur eine Stimme. Bei uns hat also die Gemeinde das Sagen.
Damit wir früh in der Gemeinde mitmachen können, gibt es die Jugendarbeit und Freizeiten. Auch als Konfirmanden sind wir miteinander weggefahren. Das hat mir gut gefallen. Jetzt bin ich selbst Mitarbeiter in der Kinderkirche und organisiere auch Freizeiten für Kinder.
Alle zwei Jahre findet in großen Städten der Deutsche Evangelische Kirchentag statt. Da kommen mehr als 100 000 Leute von überall her zusammen. Die Jugendarbeit organisiert bei uns die Fahrt dorthin. Auf dem Kirchentag wird vieles geboten: Veranstaltungen mit interessanten Leuten, Stände, bei denen man sich informieren kann, und Konzerte. Man schläft mit der Gruppe in einer Schule oder einem Gemeindehaus im Schlafsack auf dem Boden. Ich war bisher nur einmal dabei, aber ich habe mir vorgenommen, wieder dorthin zu fahren.

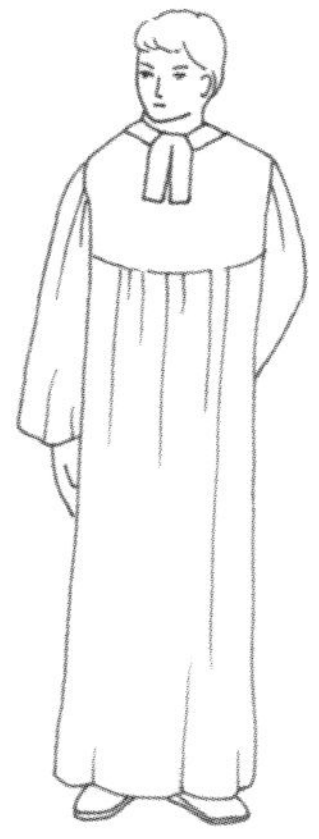

Was sagt Sebastian über seine Kirche?

☞ Welche evangelischen Kirchen gibt es in eurem Ort (Telefonbuch)? Gibt es vielleicht ein Gotteshaus der Kirche, das man besuchen kann?

Meine katholische Kirche

Ich bin Marie und gehöre der katholischen Kirche an.

Für uns Katholiken ist die Bibel wichtig, aber auch das, was die Kirche zu bestimmten Dingen sagt. Schließlich hat bei uns der Papst das letzte Wort.

Weil wir nicht nur an die einzelne Gemeinde, sondern an die weltweite Gemeinschaft denken, feiern wir überall in der Welt den Gottesdienst auf ähnliche Weise. So kann man in Deutschland, Italien oder Spanien in den Gottesdienst gehen und findet sich zurecht.
Wie der Papst haben in der Diözese (= Bezirk) der Bischof und in der Gemeinde der Priester das letzte Wort in vielem, was geregelt werden muss. Unser Pfarrgemeinderat unterstützt den Priester aber in seinen Entscheidungen.

Vor meiner Erstkommunion mit acht Jahren habe ich bei den Sternsingern mitgemacht. Mir ist es wichtig, dass wir nicht nur an uns, sondern auch an Menschen anderswo denken.
Seit meiner Erstkommunion bin ich Messdienerin. Ich helfe dem Priester, dass der Gottesdienst feierlich gestaltet wird. Inzwischen darf ich am Altar dienen und bei der Wandlung die Glöckchen läuten. Unter den Messdienern herrscht eine gute Gemeinschaft. Wir treffen uns regelmäßig und fahren auf Freizeiten. Mit den Messdienern war ich letztes Jahr auf dem Katholikentag. Das ist ein Treffen der Katholiken in Deutschland. Ich freue mich darauf, irgendwann einmal an der großen Messdienerwallfahrt teilzunehmen. Alle drei Jahre findet sie in Rom statt. Auf dem Petersplatz feiert der Papst mit Messdienern aus aller Welt einen Gottesdienst. Man lernt sich kennen und sieht, wie anderswo katholische Christen ihren Glauben leben.

☞ Was sagt Marie über ihre Kirche?

☞ Welche katholischen Kirchen gibt es in eurem Ort (Telefonbuch)? Gibt es vielleicht ein Gotteshaus der Kirche, das man besuchen kann?

Meine freie Gemeinde

Ich heiße Rebekka und gehöre einer **freien Gemeinde** an.
Getauft bin ich noch nicht. Bei uns lässt man sich erst taufen, wenn man sicher zu seinem Glauben steht. Ich habe vor, mich mit 14 Jahren taufen zu lassen.
In der Schule besuche ich den evangelischen Religionsunterricht. Einen extra Religionsunterricht für uns Kinder aus Freikirchen gibt es nicht.
Unsere Gemeinde hat nur etwa 200 Mitglieder, aber wir kommen gemeinsam für unsere Kirche und das Gehalt des Predigers auf. Jeder spendet, so viel er kann. In der Bibel steht, dass man den zehnten Teil von dem, was man einnimmt, Gott geben soll. Das tun die meisten in unserer Gemeinde.
Bei uns kann jeder mitbestimmen. Es gibt keinen, der das letzte Wort hat. Wir können selbst entscheiden, wie wir unsere Gottesdienste gestalten oder die Gemeinde organisieren. Das ist manchmal anstrengend, weil es oft unterschiedliche Meinungen gibt.
Unsere Gottesdienste finden in einem großen Raum statt, der auch für ein Fest genutzt wird. Es stehen Stühle drin, die schnell umgeräumt werden können.
Unser Prediger zieht im Gottesdienst kein besonderes Gewand an – nur einen Anzug.
Im Gottesdienst beten wir, singen und denken über einen Bibeltext nach. Die Lieder haben meist einen modernen Rhythmus. Für Kinder und Jugendliche gibt es einen Bibelkreis, in dem wir mehr über biblische Geschichten erfahren. Mit ihm fahren wir auf Freizeiten, die meist eine Bibelgeschichte als Thema haben.
Für uns Kinder und Jugendliche gibt es Zeitschriften vom Bibellesebund. Die finde ich interessanter als andere Jugendzeitschriften, in denen es nur um oberflächliche Dinge geht.
Jeden Tag übe ich Keyboard. Ich will bald in der Jugendband unserer Gemeinde mitspielen. Die spielen christliche Popmusik mit Texten, die von Gott und dem Leben als Christ handeln. Ich hoffe, dass wir irgendwann auch auf einem christlichen Popfestival mitspielen können. Ich war bereits als Teilnehmerin auf dem Christival. Dort begegnet man vielen Jugendlichen aus freien Gemeinden.

☞ Was sagt Rebekka über ihre Kirche?

☞ Welche freien Gemeinden gibt es in eurem Ort (Telefonbuch?. Gibt es vielleicht eine Kirche, die man besuchen kann?

Meine orthodoxe Kirche

Ich bin Janni. Meine Familie ist vor vielen Jahren aus Griechenland hierhergekommen. Wir gehören der **Griechisch-Orthodoxen Kirche** an.

Nur in den großen Städten in Deutschland, wo viele Griechen leben, gibt es griechisch-orthodoxe Gemeinden. Unsere Kirche ist eine ehemalige katholische Kirche. Sie wurde den Katholiken abgekauft und innen umgestaltet. Allerdings hat sie keine Kuppeln, wie das in Griechenland üblich wäre.

Zur Segnung des Altars kam der Metropolit. Das ist der höchste orthodoxe Priester in Deutschland. Unsere Gemeinde wird durch einen Priester geleitet. Ein Diakon unterstützt ihn.

Bei uns können die Kinder bereits ab der Taufe am Abendmahl teilnehmen. Wir sind durch die Taufe vollwertige Mitglieder der Kirche. Es ist dann Aufgabe der Eltern, uns alles beizubringen: wie man sich in einer Kirche verhält, was man singt und betet und wie man würdig das Abendmahl einnimmt. Einen orthodoxen Religionsunterricht gibt es bei uns hier nicht. Leider gibt es in Deutschland kaum Angebote für orthodoxe Jugendliche, wo sie mehr über ihren Glauben erfahren können.

Was mir an meiner Kirche gut gefällt, ist der feierliche Gottesdienst mit den Gesängen und den vielen Kerzen. Gerne rieche ich auch den Weihrauch, der im Gottesdienst geschwenkt wird.

Alle orthodoxen Kirchen sind mit Gold, Marmor und Ikonen, unseren heiligen Bildern, geschmückt. Auch in unserer Wohnung hängen einige Ikonen: von Jesus, der über uns alle wacht, und von Maria, die sorgenvoll mit dem Kind in die Ferne schaut. Über meinem Bett hängt der heilige Engel Michael, der uns vor dem Bösen schützt. Die Ikonen sehen seit Jahrhunderten gleich aus. Sie sind für uns so etwas wie ein Fenster zum Himmel.

☞ Was sagt Janni über seine Kirche?

☞ Gibt es eine orthodoxe Kirche in eurem Ort (Telefonbuch)? Gibt es vielleicht ein Gotteshaus der Kirche, das man besuchen kann?

Im evangelischen Gottesdienst

Sebastian erzählt:
Jeden Sonntag wird bei uns Gottesdienst gefeiert. Das Wichtigste darin ist die Predigt. Deshalb steht die Kanzel im Mittelpunkt. Weil die Bibel wichtig ist, liegt sie aufgeschlagen auf dem Altar. Den Gottesdienst hält die Pfarrerin oder der Pfarrer. Es können aber auch Gemeindemitglieder den Gottesdienst halten, wenn sie als Lektoren (= Leser) oder als Prädikanten (= Prediger) ausgebildet wurden.
Je nachdem, ob die Kirche lutherisch, reformiert oder uniert ist, gibt es einen unterschiedlichen Ablauf. Den kann man im Gesangbuch der Gemeinde nachlesen. Lutherische Gottesdienste sind ausführlicher als die der anderen. Bei allen gleich ist, dass der Gottesdienst im Namen des Vaters und des Sohnes und des Heiligen Geistes gefeiert wird. Es gibt Bibelworte, Gebete und Lieder rund um die Predigt. Beim Gebet zu Beginn und beim Fürbittengebet stehen wir. Ansonsten sitzen wir im Gottesdienst. Abendmahl gibt es meist nur einmal im Monat. Zu ihm sind alle eingeladen, die darauf vorbereitet wurden – auch katholische Christen. Bei uns dient die Konfirmation dazu, Kinder auf den Gottesdienst und das Abendmahl vorzubereiten. Daher dürfen auch die Konfirmanden am Abendmahl teilnehmen.

Im katholischen Gottesdienst

Marie erzählt:
Wenn wir eine Kirche betreten, tauchen wir die rechte Hand in das Weihwasserbecken und bekreuzigen uns. Wir heben die Hand zur Stirn, zum Bauch, zur linken und dann zur rechten Schulter und sagen: „Im Namen des Vaters und des Sohnes und des Heiligen Geistes. Amen."
Das Wichtigste im Gottesdienst ist für uns das Abendmahl, die Eucharistie. Während ihr knien wir. Daran dürfen nur Katholiken teilnehmen, die die Erstkommunion empfangen haben. Der Priester wandelt den Wein und die Hostien in den Leib und das Blut Christi. Dann trinkt er für alle den Wein, und die Gemeinde bekommt Hostien ausgeteilt.
Zum Gottesdienst gehört eine kurze Predigt über einen Bibeltext. Beim Beten knien wir. Manche Gebete werden im Wechsel zwischen Priester und Gemeinde gesprochen. So heißt es zu Beginn des Gottesdienstes: „Der Herr sei mit euch". Die Gemeinde antwortet: „Und mit deinem Geist". Am Ende wird gesagt: „Gehet hin in Frieden". Darauf sagt die Gemeinde: „Dank sei Gott dem Herrn!" Da der Ablauf des Gottesdienstes überall auf der Welt gleich ist, finde ich mich auch anderswo gut zurecht.

Im Gottesdienst einer Freikirche

Rebekka erzählt:
Unsere Gemeinde trifft sich jeden Sonntag zum Gottesdienst. Unser Gemeinderaum sieht von außen nicht wie eine typische Kirche aus. In dem großen Raum stehen Stühle. Am Kreuz kann man erkennen, dass nun ein Gottesdienst stattfindet.
Die Predigt ist das Wichtigste im Gottesdienst. Eine Predigerin oder ein Prediger trägt uns ihre Gedanken über einen Bibeltext vor. Weil sie oft auch andere Stellen aus der Bibel nennen, haben manche Leute ihre Bibel dabei und lesen in ihr nach. Wer predigt, der trägt kein besonderes Gewand, sondern ein Kleid oder einen Anzug.
Gesungen werden meist moderne Lieder. Ein Gesangbuch haben wir nicht. Neue Lieder werden mit dem Projektor an der Wand gezeigt. Musik wird mit dem Keyboard begleitet. Manchmal spielt unsere Jugendband christliche Popmusik.
Im Gottesdienst beten wir im Stehen. Manche heben ihre Hände beim Gebet wie einen Kelch nach oben. Die Gebete werden nicht abgelesen, sondern frei gesprochen. Wenn jemand aus der Gemeinde krank ist, wird für ihn gebetet. Wer möchte, kann im Gebet laut von seinen Sorgen sprechen.
Der Sonntag ist für uns der Tag, an dem wir gemeinsam über Jesus nachdenken. Daher essen wir nach dem Gottesdienst miteinander und bleiben in der Gemeinschaft zusammen.

Im orthodoxen Gottesdienst

Janni erzählt:
Unser Gottesdienst hat drei Teile. Der erste Teil ist die **Vorbereitung im Altarraum.** Die Geistlichen sprechen Gebete und bereiten dort das Abendmahlsbrot vor. Dann ziehen die Priester singend mit dem Evangelienbuch durch eine Tür des Altarraumes in den Gemeinderaum. Dies nennt man „kleiner Einzug". Dieser zweite Teil des Gottesdienstes ist **für alle Menschen** gedacht. Der Priester spricht einen Segen für alle. Er liest Psalmen und Worte aus dem Evangelium vor, spricht Gebete, singt das „Kyrie Eleison" und das „Heilig, Heilig, Heilig".

Dann kommt der dritte Teil, der nur **für die Gläubigen ist.** Darin wird das Abendmahl gefeiert. Der Raum wird mit Weihrauch eingehüllt. Im feierlichen „großen Einzug" wird der Abendmahlskelch durch die Gemeinde zum Altar getragen. Damit wird gezeigt, dass Jesus als der Herr zu seiner Gemeinde kommt. Nach Gesängen und Gebeten wird das Abendmahl eingenommen. Am Ende stehen ein Dankgebet, eine kurze Ansprache, der Segen sowie das Küssen des Kreuzes.
Übrigens: Während des gesamten Gottesdienstes stehen wir.

Janni führt durch eine orthodoxe Kirche

Eine orthodoxe Kirche ist prachtvoller als andere Kirchen. Wir glauben, dass eine Kirche so etwas wie ein Fenster zum Himmel ist. Daher tut man alles, um sie schön zu gestalten.
Auf der Kirche sind Kuppeln. Innen hat sie drei Teile: Den **Altarraum**, den **Gemeinderaum** und den **Vorraum**.
In den Altarraum dürfen nur Geistliche und Helfer. Sie bereiten den Gottesdienst vor. Eine **Trennwand** schirmt den Raum ab. An dieser Wand hängen viele Bilder, die wir Ikonen nennen. Daher heißt die Trennwand auch **Ikonostase**. Die Bilder sollen den Menschen den Glauben näherbringen und vertiefen. Gleichzeitig verdecken und schützen sie den heiligen Raum, in dem der Altar steht. Während des Gottesdienstes sind die Türen der Ikonostase geöffnet, damit man den Altarraum sehen kann.
Der **Vorraum**, den wir Nartex nennen, ist für Menschen gedacht, die noch nicht zur Gemeinde gehören.

Ikonostase

☞ Lies den Text und trage ein, was in einer orthodoxen Kirche zu finden ist.

....

....

....

....

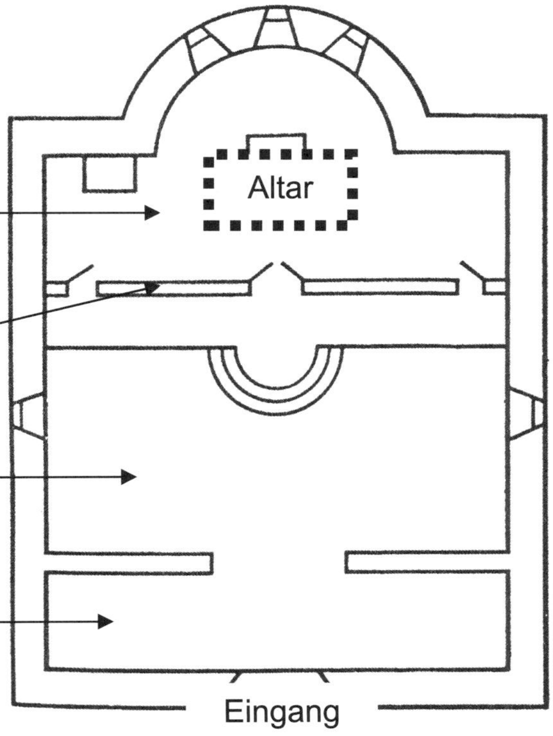

Ikonen

Janni erzählt:
Ikone bedeutet Bild oder Abbild. Ikonen sind für uns so etwas wie ein Fenster zum Himmel. Sie stellen die heilige Welt dar. Von manchen Ikonen wird sogar gesagt, dass sie Wunder bewirken können. Wir verehren jedoch nicht die Bilder selbst, sondern die heiligen Personen, die auf ihnen zu sehen sind.
Besonders Jesus und Maria werden durch die Ikonen verehrt. Jesus wird darauf als Sohn Gottes abgebildet: allmächtig und ernst. Er regiert für uns die Welt.

Maria ist die Gottesmutter. Sie hält meist das Jesuskind im Arm. Oft schaut sie sorgenvoll in die Zukunft.
Ikonen finden sich in allen Kirchen und in vielen Häusern. Seit vielen Jahrhunderten sehen sie ähnlich aus, mit einem goldenen oder blauen Hintergrund und einfachen, kräftigen Farben. Sie werden nicht „gemalt". Wir sagen, Ikonen werden „geschrieben". Mönche vollbringen dieses Werk. Anfänger gestalten meist Hintergründe. Nur die Erfahrenen unter ihnen dürfen sich an das Gesicht heranwagen. Wir sehen die Mönche nicht als Künstler, sondern als Werkzeuge Gottes.

☞ Wie wirken die Ikonen auf dich?

☞ Was wären würdige Farben, wie eine Ikone gestaltet werden kann?

Grundwissen: Evangelische und katholische Kirche

Evangelische Landeskirchen
gibt es kleinere (zum Beispiel Braunschweig oder Pfalz) und größere (zum Beispiel Bayern, Hannover, Württemberg, Rheinland). Sie sind lutherisch, reformiert oder uniert (= vereinigt). Die „Evangelische Kirche in Deutschland" ist das Dach der Landeskirchen. Die Landeskirchen kommen so zu gemeinsamen Entscheidungen.

Wer leitet die evangelische Kirche?
In den Kirchengemeinden und in der Landeskirche haben gewählte Personen das Sagen. In der **Gemeinde** wählen die Gemeindemitglieder einen Kirchengemeinderat, der auch Presbyterium (= Älteste) heißen kann. Pfarrerinnen oder Pfarrer haben darin nur eine Stimme. Dort werden auch Vertreter in eine **Synode** (= Zusammenkunft) der Landeskirche gewählt. Diese berät über vieles, was das Leben der Kirche ausmacht. Sie beschließt, wie Geld in der Kirche eingesetzt wird und wie man auf aktuelle Fragen antwortet. Die Synode wählt eine Kirchenregierung und einen Landesbischof oder Kirchenpräsidenten.

Diözesen
sind in der katholischen Kirche Bezirke, in denen ein Bischof das Sagen hat. Die Bischöfe treffen sich in der **Bischofskonferenz** und kommen zu gemeinsamen Entscheidungen für die Katholiken in Deutschland.

Wer leitet die katholische Kirche?
Oberhaupt der katholischen Kirche ist der **Papst** in Rom. In Glaubensfragen hat er das letzte Wort. Gewählt wird er durch **Kardinäle**. In der Diözese ist der **Bischof** verantwortlich. Der **Weihbischof** unterstützt ihn in seiner Arbeit, beispielsweise bei der Firmung. In der Kirchengemeinde hat der **Priester** das letzte Wort. Da es zu wenig Priester gibt, müssen Gemeindemitglieder mehr Verantwortung übernehmen. Der Priester wird durch Gemeindeglieder unterstützt, die in den Pfarrgemeinderat gewählt wurden. Ein aus Pfarrgemeinderäten gewählter Katholikenrat unterstützt den Bischof.

☞ Wo liegen für dich die wichtigsten Unterschiede zwischen den Kirchen, wo gibt es Gemeinsamkeiten?

Was tragen Pfarrerinnen und Pfarrer?

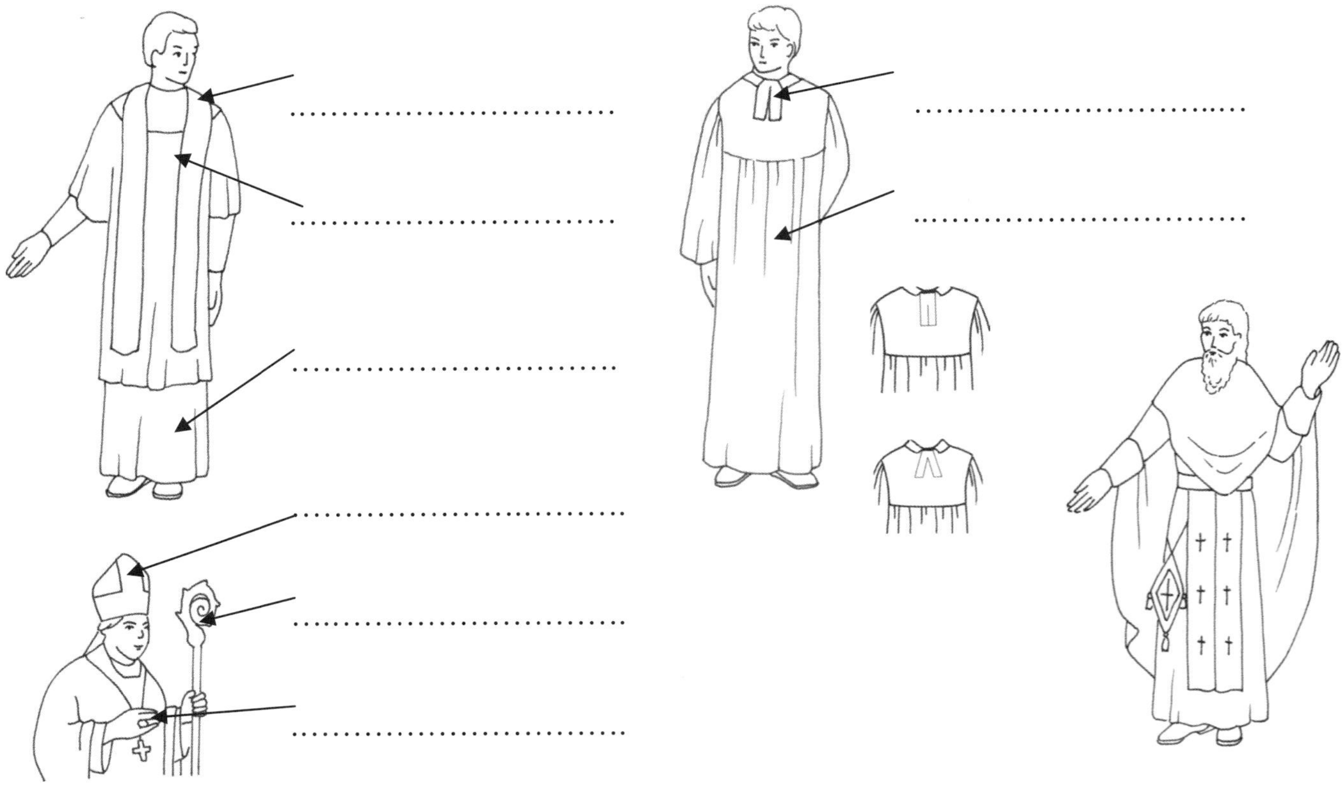

Katholische Priester und Bischof

Evangelische Pfarrerinnen und Pfarrer

Orthodoxer Priester

Ein **katholischer Priester** trägt ein weißes Untergewand – die **Albe.** Alba heißt „weiß" und ist ein Symbol für Reinheit. Über der Albe trägt er ein farbiges **Messgewand,** auch **Kasel** genannt. Die Farben richten sich meist nach dem Kirchenjahr. Dazu trägt der Priester eine **Stola**, ein Schal, der über beide Schultern gelegt wird. Auf der Stola sind häufig christliche Symbole zu entdecken.

Ein katholischer **Bischof** trägt dazu noch einen **Hirtenstab,** einen Bischofshut (= **Mithra)** und einen **Ring**.

Evangelische Pfarrerinnen und Pfarrer tragen ein schwarzes Gewand, den **Talar.** „Tallus" heißt lateinisch „Knöchel", bis wohin das Gewand reichen soll. Den Talar tragen seit Jahrhunderten Gelehrte – auch Professoren und Richter. Dazu kommt ein weißes **Beffchen** – ein Stoffstreifen am Hals. Da Pfarrer früher lange Bärte trugen, sollte der Stoff den Talar schützen. Das Beffchen zeigt, welcher evangelischen Richtung ein Pfarrer angehört: gespreizt = Lutheraner; zusammengenäht = Reformierte; halb zusammen = Unierte (Vereinigte).

Orthodoxe Priester tragen Unter- und Obergewänder sowie eine bunt bestickte Stola. Zusätzlich haben sie einen Gürtel. Ein eckiges Tuch an der Seite ist eine Auszeichnung für einen Priester.

☞ Suche die Begriffe im Text und trage sie oben ein.

Evangelisch – Katholisch: Unterschiede

Es gibt Gemeinsamkeiten, aber auch Unterschiede zwischen der evangelischen und der katholischen Glaubensrichtung. Hier sind die wichtigsten Unterschiede:

Evangelische …		Katholische …
… sagen: Die Bibel ist die einzige Quelle, die uns etwas über den Glauben sagen kann.	**Bibel** 	… glauben: nicht nur die Bibel ist wichtig. Gleichwertig ist auch das, was von Päpsten und der Kirche für den Glauben festgelegt wurde.
… kennen nur zwei heilige Handlungen (= Sakramente): die Taufe und das Abendmahl. Nur sie finden sich nach Meinung der Evangelischen in der Bibel.	**Sakramente** 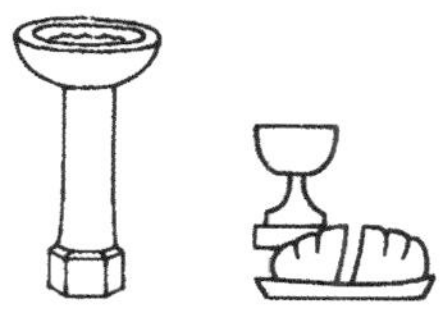	… kennen sieben heilige Handlungen (= Sakramente): Taufe, Firmung, Eucharistie (Abendmahl), Buße, Krankensalbung, Ehe und die Priesterweihe.
… glauben, dass die Feier mit Brot und Wein an die Gemeinschaft mit Jesus erinnert.	**Abendmahl**  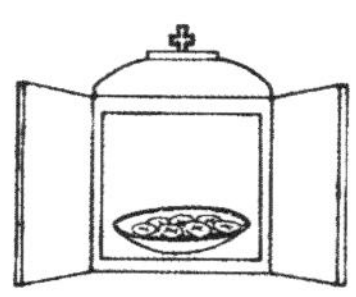	… glauben, dass in der Messe (Gottesdienst) Brot und Wein in den Leib und das Blut Christi gewandelt werden. Wenn geweihtes Brot (= Hostien) übrig bleibt, wird es im Tabernakel aufbewahrt.
… beichten direkt zu Gott. Im Gottesdienst wird gebetet, dass unsere Schuld vergeben wird. Man kann auch der Pfarrerin oder dem Pfarrer sagen, was man falsch gemacht hat. Er darf dies nicht weitersagen (Beichtgeheimnis).	**Beichte** 	… sollen dem Priester beichten, was sie falsch gemacht haben. Das kann im Beichtstuhl oder in einem Zimmer geschehen. Der Priester spricht im Namen Jesu Vergebung aus. Er darf nicht weitersagen, was gebeichtet wurde (Beichtgeheimnis).

Evangelische …		Katholische …
Pfarrerinnen und Pfarrer haben Theologie studiert und sind von einer Kirche eingestellt worden. Sie dürfen heiraten. Evangelische Christen glauben: Alle Menschen stehen gleich nahe bei Gott.	**Pfarrerinnen/ Pfarrer Priester** 	**Priester** dürfen nur Männer sein. Sie müssen Theologie studiert haben und dürfen nicht heiraten. Sie bekommen das Sakrament der Priesterweihe und stehen dadurch näher bei Gott als andere Gläubige.
… wählen die Leitung ihrer Kirche. Eine Kirchengemeinde wählt den Kirchengemeinderat. Synoden (= Versammlungen) werden gewählt, um die ganze Kirche zu leiten.	**Kirchenleitung** 	… sehen den Papst als das Oberhaupt der Kirche. In der Diözese hat ein Bischof, in der Gemeinde hat der Priester die Leitung. Ein Pfarrgemeinderat unterstützt den Priester.
… sehen in Jesus Christus den alleinigen Herrn der Kirche. Es gibt kein Oberhaupt über alle Christen. Außerdem glauben sie, dass jeder Mensch auch Fehler machen kann.	**Papst** 	… sehen den Papst als Nachfolger des Apostels Petrus und als Stellvertreter Christi auf Erden. Er hat in Glaubensfragen das letzte Wort (= Unfehlbarkeit).
… sagen, dass alle Christen heilig sind. Gott ist für alle Menschen da. Man soll so direkt zu Gott und zu Jesus beten. Es gibt aber Vorbilder für evangelische Christen.	**Heilige** 	… glauben, dass Gott besondere Menschen Wunder tun lässt. Diese werden in der katholischen Kirche als Heilige verehrt. Man kann sie um Fürsprache bei Gott bitten.
… glauben, dass Maria als Mutter Jesu eine besondere Frau war. Sie glauben nicht, dass man zu Maria beten kann, denn ein Gebet ist ein Gespräch mit Gott oder mit Jesus.	**Maria** 	… sehen Maria als Helferin in der Not und als „Mutter Gottes". Sie glauben, dass Maria im Himmel bei Gott sitzt. Wenn man zu ihr betet, dann setzt sie sich bei Gott für einen ein.

Evangelische und katholische Feste

☞ Jeweils zwei Feste gelten als besondere evangelische und katholische Feiertage. Setze die richtigen Begriffe in die Lücken ein.

**Reformationstag – Kerze – Allerheiligen –
Buß- und Bettag – Monstranz – Fronleichnam**

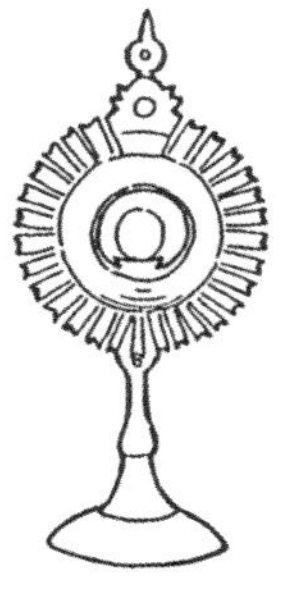

Im Juni feiert man das Fest _ _ _ _ _ _ _ _ _ _ _ _ _.
Katholische Christen ziehen in einer Prozession durch die Straßen.

In der Mitte trägt man die _ _ _ _ _ _ _ _ _ _.
Darin ist die Hostie, das Abendmahlsbrot, zu finden. Sie soll zeigen: Jesus ist mitten unter den Menschen.

Am 31. 10. ist der _ _ _ _ _ _ _ _ _ _ _ _ _ _ _ _ _.
An dem Tag denken evangelische Christen an Martin Luther. Er soll an diesem Tag 95 Thesen (Streitsätze) an die Tür einer Kirche geschlagen haben. Darin zeigte er: Gott liebt alle Menschen, auch ohne dass sie dafür etwas tun müssen.

Am 1. November ist _ _ _ _ _ _ _ _ _ _ _ _ _ _.
An dem Tag denken Katholiken besonders an Heilige. Sie sollen bei Gott für einen einstehen. An diesem Tag und dem Tag danach denkt man auch an die Verstorbenen.
Am Grab zündet man eine _ _ _ _ _ an.

Im November ist der _ _ _   _ _ _   _ _ _ _ _ _.
Er ist ein evangelischer Feiertag. An ihm soll man darüber nachdenken, was man im Leben falsch gemacht hat und wieder richtig machen kann. Auch wenn der Tag kein offizieller Feiertag mehr ist, finden an ihm Gottesdienste statt.

Sakramente

Sakarament bedeutet „heilige Handlung". Für **evangelische Christen** sind dies allein **Taufe** und **Abendmahl**. Der Grund: Eine heilige Handlung muss für sie klar in der Bibel stehen. **Katholische Christen** kennen dagegen sieben Sakramente. Neben der Taufe und der Eucharistie (katholisches Abendmahl) sind dies noch die Beichte, die Firmung, die Ehe, die Priesterweihe und die Krankensalbung.

Die Taufe
... ist die Aufnahme in die christliche Gemeinschaft. Evangelische und katholische Kirchen erkennen einander ihre Taufe an. Kleine Kinder werden getauft, weil man glaubt, dass Gott einen Menschen ohne eigenes Tun annimmt. Bei einer katholischen Taufe wird der Täufling auch mit Chrisam gesalbt (Salböl aus Olivenöl und Balsam). Manche evangelische Christen lassen Kinder erst taufen, wenn sie alt genug sind, sich für den Glauben zu entscheiden. In vielen Freikirchen (z.B. bei den Baptisten) ist dies sogar die Regel.

Das Abendmahl – die Eucharistie
Evangelische feiern meist nur ein Mal im Monat Abendmahl – mit Brot und Wein (oder Traubensaft). Sie erinnern sich dabei an Jesus und seine Gemeinschaft mit den Jüngern.
Für Katholiken ist die Eucharistie der Höhepunkt jedes Gottesdienstes. Der Priester wandelt den Wein und die Hostien (= Oblatenbrote) in Blut und Leib Christi. Er trinkt den Wein für alle. Die Hostien dürfen nur von katholischen Christen empfangen werden, die bereits die Erstkommunion hinter sich haben. Nach dem Gottesdienst werden die Hostien in einem kleinen Schränkchen (= Tabernakel) aufbewahrt.

Die Firmung
... gilt für Katholiken als Erneuerung der Taufe und als Verbindung mit der Kirche. Daher segnet der Bischof die Jugendlichen, die die Firmung erhalten.

Beichte oder Buße
Katholiken sollen Buße tun und dem Priester beichten, was sie falsch gemacht haben. Dies kann in einem Beichtstuhl oder bei einem Beichtgespräch geschehen. Evangelische kennen auch die Beichte und die Buße, aber nicht als Sakrament. Es gibt keine Pflicht, mit einer Pfarrerin oder einem Pfarrer darüber zu sprechen, wenn man etwas falsch gemacht hat. Man kann dies im Gebet Gott selbst sagen. Evangelische Pfarrerinnen und Pfarrer sowie katholische Priester dürfen nichts weitersagen, wenn sie etwas gebeichtet bekamen. Dies nennt man Beichtgeheimnis.

Die Ehe
... gilt für beide Kirchen als von Gott gesegnet. Daher feiert man sie in eigenen Gottesdiensten. Für Katholiken ist sie sogar ein Sakrament. Deswegen können Katholiken nur ein Mal kirchlich heiraten.

Die Priesterweihe
Jeder katholische Priester muss durch einen Bischof geweiht sein. Ihm wird die Hand aufgelegt und er wird mit Chrisam (Salböl aus Olivenöl und Balsam) gesalbt. Der Priester verspricht, nicht zu heiraten und dem Bischof gegenüber gehorsam zu sein. Daher legt sich er sich auf den Boden, bekommt das Messgewand, einen Kelch und eine Hostienschale überreicht. Durch die Weihe soll nach katholischem Glauben der Priester näher bei Gott sein als die anderen Gläubigen.

Die Krankensalbung
Die katholische Krankensalbung erinnert daran, dass Gott den Menschen in Zeiten der Krankheit und des Todes beisteht. Gesalbt wird mit Chrisam (Salböl aus Olivenöl und Balsam). Das Sakrament soll den Kranken mit Jesus Christus verbinden, denn er ist vom Tod auferstanden.

☞ Die Zeichnungen zeigen jeweils ein Sakrament. Schreibe den Namen neben das Sakrament und vermerke kurz, ob das Sakrament für evangelische und katholische Christen gilt (ev.-kath.) oder ob es rein katholisch ist (kath.).

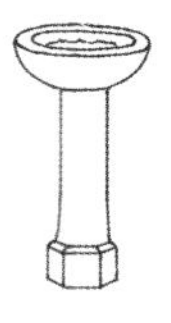		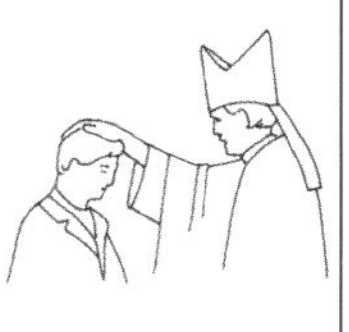	

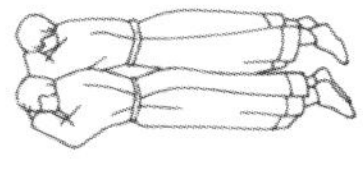			
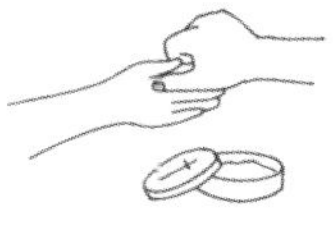			

Meine Konfirmation

Was ist die Konfirmation?
Das bedeutet, den Glauben „festigen". Wir machten uns ein Jahr im Konfirmandenunterricht Gedanken über uns selbst, über Gott und die Welt. Am Ende feierten wir einen Gottesdienst.

Was habt ihr alles im Konfirmandenunterricht gemacht?
In dem Jahr haben wir uns unter der Woche und manchmal auch samstags getroffen. Wir haben über die Zehn Gebote, das Abendmahl, die Taufe, das Vaterunser und das Glaubensbekenntnis gesprochen. Auch haben wir kennengelernt, was alles in der Gemeinde läuft. Ausflüge haben wir gemacht, eine Freizeit übers Wochenende und an einem Samstag miteinander gegrillt. So lernten wir uns besser kennen.

Wie verlief deine Konfirmation?
Vor dem Festtag haben wir das Konfirmandengespräch geführt. Wir mussten dafür wichtige Texte und Lieder üben. In dem Gespräch waren Eltern und jemand vom Kirchenvorstand dabei. Wir sollten Texte auswendig aufsagen und Fragen dazu beantworten.

Meine Mutter hat mir erzählt, dass früher Konfirmanden sogar im Gottesdienst vor allen Leuten abgefragt wurden.
Unser Gottesdienst war sehr feierlich. Jeder von uns hatte eine Aufgabe: Manche lasen einen Bibeltext vor, andere übernahmen eine Fürbitte. Ich gehörte zu einer Gruppe, die etwas vorführte. Dann knieten wir auf einer Kniebank vor dem Altar. Der Pfarrer sagte unseren Konfirmandenspruch, der uns durch das Leben begleiten soll. Dann sprach er einen Segen.

Nach dem Gottesdienst sind wir mit Verwandten und Freunden essen gegangen. Viele haben mir Geld geschenkt. Einen Teil davon habe ich, wie die anderen, gespendet. Vom Rest habe ich mir ein neues Fahrrad gekauft.

Was änderte sich durch deine Konfirmation?
In der evangelischen Kirche darf man nun vieles, was zum Leben in der Gemeinde gehört: am Abendmahl teilnehmen, Pate sein oder den Kirchengemeinderat wählen. Später darf man auch selbst als Gemeinderat gewählt werden. Schließlich hat man ja nun alles gelernt, um mitreden und mitbestimmen zu können.

☞ Wenn ihr Konfirmanden kennt, könnt ihr selbst mit ihnen ein Interview machen.

Meine Erstkommunion

Was ist die Erstkommunion?
„Kommunion" heißt für uns „Gemeinschaft", genauer die Gemeinschaft der Kirche bei der Eucharistie. Die Erstkommunion ist der Tag, an dem wir zum ersten Mal an der Eucharistie teilnehmen. Wir werden sozusagen nun vollständig in der Gemeinschaft der Kirche aufgenommen.

Was ist die Eucharistie?
Der Name bedeutet „Danksagung". Eucharistie ist das katholische Abendmahl. Bei uns wandelt der Priester Brot und Wein in Leib und Blut Jesu. Wir glauben also, dass Jesus vollkommen bei uns ist. Das muss man zuerst einmal verstehen, bevor man zum ersten Mal daran teilnimmt. Deshalb werden wir darauf vorbereitet.

Wie bereitet ihr euch auf die Erstkommunion vor?
Vor der Erstkommunion bekamen wir Unterricht. Auch im Religionsunterricht in der dritten Klasse wurden wir vorbereitet. In einer kleinen Gruppe trafen wir uns. Mütter haben bei uns den Unterricht übernommen. Manchmal war auch der Pfarrer da und hat uns unsere Fragen beantwortet.
Wir haben uns damit beschäftigt, wer Gott für uns ist und wie wir zu ihm beten können. Dann haben wir über Jesus nachgedacht. Schließlich haben wir gelernt, wie unser Gottesdienst, die Messe, abläuft – besonders was wann gesagt wird. Und wir haben geübt, wie wir uns bei der Eucharistie am Altar verhalten sollen.
Dann haben wir auch zum ersten Mal gebeichtet. Zu beichten und Buße zu tun, ist für uns eine heilige Handlung – ein Sakrament.

Wie verlief eure Erstkommunion?
Wir haben sie am ersten Sonntag nach Ostern, am „Weißen Sonntag", gefeiert. Alle haben besondere Kleider angehabt – die Jungs einen Anzug und wir Mädchen ein weißes Kleid. Jeder trug eine Kerze, die im Gottesdienst angezündet wurde.
Im Gottesdienst kamen wir nach vorne. Wir bekamen zum ersten Mal die Hostie und feierten die Eucharistie. Während des gesamten Gottesdienstes standen wir im Mittelpunkt. Ich spürte, dass wir nun ganz zur Gemeinschaft der Kirche gehören.
Nach dem Gottesdienst gab es eine große Familienfeier. Viele Verwandte sind von weither gekommen. Ich bekam viele Geschenke. Unter uns Erstkommunionskindern haben wir aber ausgemacht, dass wir davon auch etwas für andere Kinder in der Welt abgeben.

☞ Ihr könnt selbst ein Interview mit Kindern machen, die die Erstkommunion bereits hinter sich haben.

Was macht ein Messdiener?

Nach der Kommunion können Kinder Messdiener (Ministranten) werden. Sie haben im katholischen Gottesdienst besondere Aufgaben.

Was tragen Messdiener?
Man trägt meist ein weißes oder graues Gewand. In manchen Gemeinden tragen die älteren Messdiener, die am Altar dienen, ein rotes Untergewand.

Welche Aufgaben haben Messdiener?
Bei jedem Gottesdienst, einer Beerdigung, Trauung oder Taufe, braucht der Pfarrer Messdiener. Wir tragen das Evangelium und Kerzen in den Gottesdienstraum. Bei der Eucharistie bringen wir den Wein, die Hostien und läuten Glöckchen. An hohen Feiertagen tragen wir Fahnen, das Kreuz und schwenken den Weihrauch. Außerdem sammeln wir die Kollekte, also die Spenden.

Was bedeutet das Läuten der Glöckchen?
Das ist eine wichtige Aufgabe. Der Höhepunkt des Gottesdienstes ist bei uns die Eucharistie. Der Priester wandelt den Wein in das Blut Jesu und die Hostien in den Leib Christi. Durch unsere Glöckchen weiß nun die Gemeinde, dass die Wandlung geschieht.

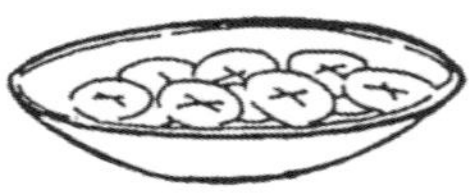

Rund um die Wandlung haben wir auch noch andere Aufgaben. Vor ihr bringen wir dem Pfarrer eine Schüssel Wasser und ein Handtuch, damit er sich die Hände waschen kann. Vor der Wandlung muss der Pfarrer rein sein. Am Ende tragen wir die übrig geblieben Hostien in das kleine Schränkchen, das Tabernakel. Dort werden sie aufbewahrt.

Wie zündet man Weihrauch an?
Vor dem Gottesdienst zündet man ein Stück Holzkohle an und legt es mit einer Zange in das Weihrauchgefäß. Während des Gottesdienstes legt der Priester Weichrauchkugeln auf die Kohle. Wir schwenken dann das Gefäß und verbreiten den Rauch im Raum.

Wer darf Messdiener werden?
Messdiener kann man nach der Kommunion werden, also etwa ab der dritten Klasse. Bei uns dürfen Mädchen und Jungen Messdiener sein. Aber das hängt ganz von der Gemeinde ab. In manchen Gemeinden sind nur Jungen Messdiener.

☞ Ihr könnt selbst eure Mitschüler befragen, wenn unter ihnen Messdiener sind. Ihr könnt ihnen auch eigene Fragen stellen.

Heilige

Unter „heilig" verstehen evangelische und katholische Christen Unterschiedliches.
Für die **Evangelischen** sind damit alle Christen gemeint. Sie glauben, Gott hat allen das Heil der Welt gebracht. Dadurch sind alle heilig - eine „Gemeinschaft der Heiligen".

Für die **katholische Kirche** sind Heilige besondere Menschen, die Gott auserwählt hat. Diese sollen auch Wunder vollbracht haben. Wer ein Heiliger ist, legt die katholische Kirche fest.
Heilige gelten als Fürsprecher bei Gott. Wer Gott etwas mitteilen möchte, kann zu Heiligen beten.

☞ **Namen von Heiligen** kannst du finden:
- im katholischen Gesangbuch (Gotteslob)
- im Internet (www.heiligenlexikon.de).

Namenstag

Die Tage, an denen in der katholischen Kirche Heilige verehrt werden, sind häufig auch Namenstage. Früher mussten sich Eltern keine großen Gedanken über den Namen ihres Kindes machen. Sie gaben dem Kind den Namen von Heiligen, die an dem Tag seiner Geburt oder seiner Taufe verehrt wurden. Martin Luther wurde beispielsweise am Martinstag (11. November) getauft - also bekam er den Namen Martin. Lange gab es für Kinder in katholischen Gegenden Geschenke am Namenstag - und nicht am Geburtstag.

☞ Suche einen Kalender, in dem **die Namenstage** stehen.
Einen Überblick über alle Namen findet man auch unter:
http://de.wikipedia.org/wiki/Liste_der_Namenstage

☞ Überprüfe, ob du den **Namen eines Heiligen der katholischen Kirche** hast.
Einen Überblick findet man unter:
http://de.wikipedia.org/wiki/Liste_der_Seligen_und_Heiligen

☞ Schau dir die kurzen Texte und die Bilder an. Welche Heilige oder welcher Heiliger ist das? Schreibe den Namen unter das Bild.

**Elisabeth - Martin - Christophorus - Franziskus -
Nikolaus - Barbara - Georg - Maria**

Maria, die Mutter Jesu, ist für Katholiken die wichtigste Heilige. Sie wird von katholischen Christen „Mutter Gottes" genannt. Sie soll, wie Jesus, bei Gott im Himmel sein. Katholiken glauben, dass man sich in der Not jederzeit an sie wenden kann. Tage, an denen an Maria gedacht wird, gibt es viele. Einer der wichtigsten ist der 15. August, Mariä Himmelfahrt.	**Franziskus** lebte vor 800 Jahren in Italien. Er war reich. Nach einem Krieg dachte er über sein Leben nach. Er wollte ein armes Leben führen. Andere folgten ihm. Franziskus wird mit Tieren dargestellt, denn er soll mit ihnen geredet haben. Nach katholischem Glauben können sich Arme, Behinderte oder Gefangene an ihn wenden. Sein Gedenktag ist der 4. Oktober.
Elisabeth lebte vor etwa 800 Jahren als Frau des Landgrafen von Thüringen. Sie half den Armen, doch ihr Mann wollte das nicht. Eines Tages ertappte er sie, als sie ihnen einen Korb voller Brot bringen wollte. Er schaute in den Korb, doch da waren plötzlich nur Rosen darin. So wird Elisabeth mit Rosen oder Brot dargestellt. Ihr Gedenktag ist der 17. November.	**Christophorus** wollte Jesus dienen und Gutes tun. Da er ein Riese war, trug er Menschen über einen gefährlichen Fluss. Einmal rief ihn ein Kind und Christophorus trug es. Er spürte die Last der Welt auf seiner Schulter und erkannte: Das Kind ist Jesus. Heute bittet man Christophorus um eine gute Reise. Er wird mit einem Kind dargestellt und am 24. Juli verehrt.
Martin war vor mehr als 1600 Jahren der Sohn eines römischen Hauptmanns. Auch er musste Soldat werden. Als er einem Bettler begegnete, soll er ihm einen Teil seines Soldatenmantels gegeben haben. Er trat aus der Armee aus, wurde Priester und Bischof der Stadt Tours in Frankreich. Der Martinstag ist der 11. November.	**Nikolaus** lebte um 300 in Myra (heutige Türkei) und war Bischof. Da er viel Geld geerbt hatte, half er Armen durch heimliche Geschenke und rettete Menschen in der Not. Er gilt als Schutzheiliger für Kinder, See- und Kaufleute. Länder wie Russland und Serbien sehen ihn als ihren Heiligen an. Er wird am 6. Dezember verehrt.
Georg soll um das Jahr 303 für seinen Glauben gestorben sein. Von ihm wird berichtet, dass er ein reicher Ritter war, der Armen sein Land geschenkt hatte. Außerdem erzählte man, dass Georg einen Drachen besiegt hat. Damit meinte man, dass er tapfer gegen die Feinde des Christentums kämpfte. An ihn wird am 23. April gedacht.	**Barbara** soll um das Jahr 300 für ihren Glauben im Gefängnis gestorben sein. Weil sie einen Zweig mit ins Gefängnis genommen haben soll, der später blühte, erinnert man heute mit Zweigen an die Heilige. Manche glauben, die Barbarazweige sind Vorläufer des Tannenbaums. Barbara ist Schutzheilige für Bergleute und Handwerker. Sie wird am 4. Dezember verehrt.

Leben für Gott und die Menschen

Als Nonnen oder Mönche in der katholischen Kirche versprechen wir, ein einfaches Leben zu führen und nicht zu heiraten.
Wir beten viel und kümmern uns um unsere Mitmenschen. Gegenüber dem Oberhaupt der Gemeinschaft geloben wir Gehorsam. Unsere Gemeinschaft nennt man „Orden". Man kann anhand von Kleidern oder dem Haarschnitt erkennen, wer zu welcher Gemeinschaft gehört. Diese heißen beispielsweise Benediktiner nach dem Gründer Benedikt oder Franziskaner nach dem Gründer Franziskus.
Wer einer Gemeinschaft beitritt, bekommt einen neuen Namen. Man hat sieben Jahre Zeit, bis man sich endgültig für ein Leben als Nonne oder Mönch entscheidet.

Wir Diakonissen sind evangelische Frauen, die sich entschlossen haben, ein Leben für Gott und die Menschen zu führen. Wir sind nicht verheiratet und leben in einer Gemeinschaft ohne viel Besitz.
Wir beten miteinander und sind für die Menschen da. Der Name Diakonisse kommt vom griechischen Wort „dienen". Gott und den Menschen kann man auf vielfältige Weise dienen. So gibt es Diakonissenkrankenhäuser oder Diakonissenkindergärten.
Wir Diakonissen sind erkennbar an einem einfachen Kleid mit einem weißen Kragen und an einer weißen Haube, die unterschiedlich aussehen kann – je nach der Diakonissengemeinschaft, der wir angehören.

☞ Wo liegen Gemeinsamkeiten, wo Unterschiede zwischen den beiden?

Eine kurze Geschichte der Kirche

Die ersten Christen

Etwa 33-90

An **Pfingsten** schenkte Gott den Freunden Jesu Mut und Kraft. Nun konnten sie anderen von Jesus erzählen. Einige gingen in die Welt hinaus. Das waren Apostel wie Petrus und Paulus. Sie gründeten viele Gemeinden und kamen bis nach Rom.

Die **ersten Christen** trafen sich in Häusern. Sie beteten, erzählten von Jesus und lasen sich Briefe der Apostel vor. Gemeinsam aßen sie und teilten miteinander, damit keiner Not leiden musste.

Einige schrieben die Geschichten und Worte von Jesus auf. Am Ende fasste man die Briefe und die Geschichten Jesu zusammen. So entstand das Neue Testament, der zweite Teil der Bibel.

Christen im Römischen Reich

Etwa 70-300

Christen wurden 250 Jahre von den Römern **verfolgt.** Sie wollten nämlich den römischen Kaiser nicht als Gott verehren. Ihr Geheimzeichen war der Fisch. Das Zeichen bedeutete: „Wir glauben an Jesus Christus, Gottes Sohn, unseren Retter."

Um das Jahr 312 sagte Kaiser Konstantin: „Christen sollen nicht mehr verfolgt werden." Wenig später machten die römischen Kaiser das Christentum sogar zur **Hauptreligion** im Römischen Reich.

Das Christentum kommt nach Deutschland

Etwa 300-1000

Mit den Römern kam das Christentum nach Deutschland. So gab es in Trier, Mainz und Köln bereits um das Jahr 300 Christen.

Die Germanen glaubten damals an Götter wie Donar oder Freya, an die noch die Namen Donnerstag und Freitag erinnern. Sie wurden auf Bergen oder in alten Bäumen verehrt. Missionare wie Bonifatius (Bild) erzählten den Germanen von Jesus. Um das Jahr 500 wurde der erste germanische König Chlodwig getauft. Es dauerte noch einmal 500 Jahre, bis alle germanischen Stämme Christen waren.

Ost- und Westkirche trennen sich

Etwa 375-1054

Das Reich der Römer erstreckte sich rund um das Mittelmeer. Vor etwa 1600 Jahren teilte es sich in einen Ost- und einen Westteil. Da gingen auch die Kirchen im Osten und Westen unterschiedliche Wege. Es entstanden die orthodoxen Kirchen im Osten und die Kirche im Westen, in Rom. Durch einen Streit im Jahre 1054 trennten sich die Orthodoxe Kirche und die Westkirche endgültig.

Klöster im Mittelalter

Im Mittelalter gaben Klöster den christlichen Glauben weiter. Mönche schrieben heilige Bücher ab und richteten Schulen ein. Man musste Latein lernen, um den Gottesdienst und die heiligen Schriften zu verstehen. Aber nur wenige Menschen konnten zur Schule gehen. Sie kostete viel Geld und die meisten Leute waren arm.

Etwa 800–1500

Angst vor dem Fegefeuer

Seit dem Mittelalter hatten viele Menschen Angst, dass die Welt bald untergeht. Für sie war Jesus wie ein strenger Richter, der alles bestraft, was man Schlimmes getan hat. Viele glaubten, man müsse in einem Feuer Qualen erleiden und büßen.
Auch Martin Luther hatte vor 500 Jahren diese Angst. So ging er ins Kloster und wurde Mönch. Andere kauften Ablassbriefe, in denen stand: „Du hast ... Geld bezahlt. Daher spricht dich die Kirche ... Tage von der Strafe Gottes frei."

Etwa 1000–1500

Martin Luthers 95 Thesen und die Übersetzung der Bibel

Martin Luther entdeckte in der Bibel: Gott ist wie ein liebender Vater. Die Menschen brauchen also nicht aus Angst ins Kloster zu gehen oder Ablassbriefe zu kaufen. Dies wollte er anderen mitteilen. Er verfasste 95 Thesen (Streitsätze). Der Papst schloss Luther deswegen aus der Kirche aus. Auch der Kaiser lehnte seine Lehre ab. So wurde er auf der Wartburg versteckt. Dort übersetzte er das Neue Testament ins Deutsche. Alle Menschen sollten die gute Nachricht von Gottes Liebe verstehen können. Später übersetzte er mit seinem Freund Philipp Melanchthon die ganze Bibel.

1517–1522

Entstehung der evangelischen Kirchen

Viele Menschen und auch Fürsten wollten eine Erneuerung (= Reformation) der Kirche. Besonders die Gemeindeglieder sollten in der neuen Kirche Verantwortung übernehmen. So entstanden in vielen Ländern evangelische Kirchen. Manche hielten sich eng an das, was Martin Luther sagte. Sie wollten geschmückte Kirchen und feierliche Gottesdienste (Lutherische Kirche). Andere sagten, wir wollen nur das gelten lassen, was in der Bibel steht. Daher wollten sie keine Bilder in Kirchen. Im Gottesdienst sollte es nur um die Bibel gehen (Reformierte Kirche). Ein wichtiger Denker der reformierten Kirchen war Johannes Calvin.

Um 1530

Gegenreformation

1555-1750

Da die Reformation großen Erfolg hatte, begann die katholische Kirche eine Gegenreformation. Gemeinschaften wie die Jesuiten hatte die Aufgabe, Menschen vom katholischen Glauben zu überzeugen. Man gründete katholische Schulen und baute prunkvolle Kirchen, in denen der Himmel und Engel abgebildet waren (Barock-Kirchen). Sie sollten zeigen: „Nur bei uns ist der Himmel zu finden."

Gegeneinander: Verfolgung und Krieg

1555-1650

Die Herrscher in Deutschland einigten sich im Jahre 1555: Wer ein Land regiert, darf über die Religion seiner Untertanen bestimmen. So mussten alle den Glauben des Herrschers annehmen oder das Land verlassen. Viele Menschen wanderten deshalb nach Amerika oder Russland aus.

Es gab auch schlimme Glaubenskriege. Der schlimmste war der Dreißigjährige Krieg (1618-1648). Danach war ganz Deutschland verwüstet. Unzählige Menschen starben.

Nebeneinander

1650-1970

Zwischen katholischen und evangelischen Christen gab es lange nur ein Nebeneinander. Es gab evangelische und katholische Dörfer. Selten heiratete man untereinander. Auch gab es evangelische und katholische Schulen. Wo es nur eine gemeinsame Schule gab, wurden die Kinder in unterschiedlichen Klassen unterrichtet. In manchen Schulen wurde auf dem Schulhof ein Strich gezogen, den die evangelischen und katholischen Kinder nicht übertreten durften.

Wege miteinander

Heute

Vor rund 200 Jahren verbanden sich einige lutherische und reformierte Kirchen zu evangelischen Landeskirchen. Sie nannten sich „uniert" (= vereinigt).

Heute leben evangelische und katholische Christen miteinander. Sie kennen die Unterschiede zwischen ihren Glaubensrichtungen. Aber das hindert sie nicht, vieles zusammen zu machen. Das nennt man Ökumene.

Man kümmert sich in „Ökumenischen Sozialstationen" um kranke Menschen. Auch werden „ökumenische Gottesdienste" gefeiert. Und in den Gesangbüchern finden sich „ökumenische Lieder", die sowohl evangelische wie katholische Christen singen.

Martin Luther und seine Angst

Martin Luther wurde am 10. November 1483 in Eisleben geboren. Da er am Martinstag getauft wurde, trägt er den Namen Martin. Sein Vater verdiente Geld mit einem kleinen Bergwerk. So konnte er Martin zur Schule schicken.
Eltern und Lehrer waren streng zu ihm. Als Strafe wurde man damals in der Schule mit einer Rute geschlagen. Wer etwas Falsches gesagt hatte, musste einen Eselskopf aufsetzen. Martin hatte Angst vor diesen Strafen.

An der Universität studierte Martin Rechtskunde. Aus ihm sollte ein Richter oder ein Berater des Fürsten werden. Doch es kam anders.
Martin hatte auch Angst vor Gott. Wie viele Menschen glaubte er: Gott ist ein strenger Richter. Er zählt alle schlimmen Taten zusammen. Nach dem Tod muss man dann für seine Taten büßen – im Fegefeuer oder in der Hölle. Jeden Tag fragte er sich: „Was geschieht mit mir, wenn ich sterbe? Werde ich für alles, was ich falsch gemacht habe, büßen müssen?"

☞ Ergänze: Wenn man im Leben immer Angst hat ...

Martin Luther wird Mönch

Einmal wanderte Martin Luther über ein offenes Feld. Da kam ein Gewitter und Blitze schlugen neben ihm ein. Verzweifelt rief er: „Heilige Anna, hilf mir! Dann will ich auch Mönch werden." Dieses Gebet nahm er sehr ernst. Er glaubte: „Wenn ich mein Versprechen nicht halte, dann wird mich Gott strafen." So wurde er Mönch und musste sein Leben ändern:

- Er musste seine Kleider mit einem Bettelgewand tauschen und sich die Haare rasieren.
- Jeden Morgen musste er um drei Uhr aufstehen und beten. Täglich sieben Mal musste er Gottesdienste besuchen.
- Er wohnte in einer kleinen unbeheizten Kammer.
- Er musste betteln gehen.
- Er musste in der Küche oder beim Saubermachen helfen.
- Jede noch so kleine Schuld musste er beichten.

Das alles tat er, damit Gott ihn nicht straft. Aber er konnte keinen inneren Frieden finden.

☞ Gestalte mit Symbolen einen Tagesplan von Martin Luther als Mönch.

Martin Luthers Entdeckung

Martin las viel in der Bibel, um seinen Frieden zu finden.
Plötzlich entdeckte er, dass die Bibel anders von Gott redet, als er dachte. Er fand Geschichten und Sprüche, die sagen: Gott ist barmherzig. Er ist wie ein liebender Vater. Er vergibt uns, ohne dass wir dafür etwas tun müssen.
Später erzählt er: „Mit dieser Entdeckung wurde mir die Tür zum Paradies geöffnet."
Inzwischen war Martin Pfarrer und sogar Professor an der Universität. Er erzählte den Menschen in Gottesdiensten und seinen Studenten von seiner Entdeckung. Er sagte: „Ihr braucht keine Angst zu haben! In der Bibel steht: Gott liebt uns wie ein barmherziger Vater."

☞ Eine biblische Geschichte handelt von einem vergebenden Vater. Was könnte Martin Luther hier entdeckt haben?

Jesus erzählte: „Ein Mann hat zwei Söhne. Der jüngere Sohn sagt zu ihm: ‚Vater, gib mir jetzt schon das Geld, das ich einmal von dir erbe.' Der Vater gibt es ihm.
Der Sohn nimmt das Geld und zieht in ein fernes Land. Dort lebt er in Saus und Braus. Bald hat er das ganze Geld ausgegeben.
Der Sohn hat kein Geld mehr. Niemand will etwas mit ihm zu tun haben.
Er muss auf dem Feld Schweine hüten und hat großen Hunger. Aber er darf nicht einmal vom Futter der Schweine essen.
Da denkt er: ‚Den Dienern meines Vaters geht es besser als mir. Ich will heimgehen und meinen Vater um Verzeihung bitten. Vielleicht kann ich als Diener für ihn arbeiten.' So macht er sich auf den Weg.
Der Vater sieht seinen Sohn schon von Weitem. Er läuft ihm entgegen und nimmt ihn in die Arme. Dann ruft er seinen Dienern zu: ‚Bereitet ein Festmahl vor. Das müssen wir feiern.'
Der ältere Bruder findet das ungerecht.
Aber der Vater sagt zu ihm: ‚Freu dich doch mit mir. Dein Bruder war verloren, aber jetzt ist er wieder da. Sollen wir das nicht feiern?'"

nach Lk. 15, 11ff.

Luther kämpft gegen den Ablass

Damals sagte die Kirche: „Ihr könnt euch von den Strafen Gottes freikaufen."
Selbst arme Menschen zahlten viel Geld für einen Ablass-Brief. Prediger erzählten ihnen: „Wenn das Geld im Kasten klingt, die Seele aus dem Fegefeuer in den Himmel springt."
Bei der Beichte sagten Leute zu Martin Luther: „Du musst mir vergeben. Ich hab einen Ablassbrief gekauft!"
Martin widersprach: „In der Bibel steht: Nur Gott allein kann dir vergeben. Man kann sich nicht freikaufen!"

Am 31. Oktober 1517 soll Martin Luther in Wittenberg 95 Thesen (= Streitsätze) an eine Kirchentür gehängt haben. Darin schrieb er seine Gedanken über Gott und den Ablass auf. Freunde verbreiteten seine Ideen, sodass bald alle davon sprachen.

☞ Auch heute noch gibt es sicher Sätze, die andere zum Nachdenken bringen. Was wäre für dich so ein Satz?

Gegen Papst und Kaiser

Dem Papst gefielen die 95 Thesen nicht. Als Martin nicht von seiner Meinung abrückte, schloss der Papst ihn aus der Kirche aus.
Der Kaiser bestellte Martin Luther im Jahre 1521 zum Reichstag nach Worms. Dort trafen sich alle, die im Reich etwas zu sagen hatten. Martin Luther stellte ihnen seine Gedanken vor. Am Ende soll er gesagt haben: „Hier stehe ich nun. Ich kann nicht anders. Gott helfe mir!"
Viele fanden gut, was Martin Luther vortrug. Doch dem Kaiser gefiel dies nicht. Er erklärte Martin für vogelfrei. Dies bedeutete: Martin Luther hatte keine Rechte mehr. Wer ihm half, wurde eingesperrt und verlor seinen Besitz.

☞ Wenn einer keine Rechte mehr hat, ist er vom Gesetz nicht mehr geschützt.
Das heißt ...

☞ Entwirf einen Steckbrief zu Martin Luther!

Martin Luther übersetzt die Bibel

Friedrich der Weise hieß der Fürst, in dessen Land Martin Luther lebte. Er fand Martins Ideen gut. Als Martin von Worms loszog, hatte Friedrich Angst um ihn und ließ ihn auf der Wartburg im Thüringer Wald verstecken. Martin nannte sich dort „Junker Jörg". Er ließ sich einen Bart wachsen, damit niemand ihn erkannte.
Auf der Wartburg hatte er endlich Zeit, das Neue Testament ins Deutsche zu übersetzen. Alle sollten das Evangelium, die „gute Nachricht" von Jesus, verstehen können. Die deutsche Bibel verbreitete sich sehr schnell. Weil sie für Martin Luthers Anhänger das Wichtigste war, wurden diese „evangelisch" genannt.
Bis zu seinem Lebensende übersetzte Martin mit Freunden die Bibel immer wieder neu. Manchmal brauchte er Wochen für einen Satz. Er wollte, dass alle Leute den Sinn der Worte verstehen.

Heute erkennt man eine Lutherbibel an der **Lutherrose**. Martin Luther hat das Zeichen selbst gewählt.
Das Kreuz ist schwarz und erinnert an Jesus, der für uns gestorben ist.
Das Herz ist rot wie Blut und zeigt, dass wir Gott in unserem Herzen haben sollen.
Die Rose ist weiß, die Farbe der Engel Gottes, die uns beschützen.
Der äußere Ring ist golden. Wie Gottes Liebe hat er keinen Anfang und kein Ende.
Zwischen der weißen Rose und dem goldenen Ring ist ein blauer Zwischenraum – blau wie der Himmel, der die Welt umspannt.

☞ Warum war es wichtig, die Bibel zu übersetzen?
☞ Male die Lutherrose aus.

Martin Luther erneuert die Kirche

Martin Luther schrieb viele Lieder. Einige finden sich heute noch im evangelischen Gesangbuch. Als seine Tochter Magdalena mit 13 Jahren starb, war er voller Trauer. In dieser Stimmung dichtete er das Weihnachtslied „Vom Himmel hoch, da komm ich her".
Wegen eines Streites nahm er im Februar 1546 eine beschwerliche Reise in seinen Heimatort Eisleben auf sich. Dabei wurde er schwer krank und starb. Man brachte seinen Leichnam zurück nach Wittenberg, wo er beerdigt wurde.

Als Martin Luther von der Wartburg zurückkam, gab es viel zu tun.
Er schrieb Briefe an evangelische Fürsten und Städte. Überall sollten für Mädchen und Jungen Schulen errichtet werden. Evangelische Christen sollten die Bibel lesen und in der Gemeinde mitreden können.
Martin gab den evangelischen Gemeinden Ratschläge, worauf sie achten sollten. Besonders für Arme sollten sie sich sorgen. Pfarrern riet er zu heiraten. Auch er selbst heiratete – die ehemalige Nonne Katharina von Bora. Sie bekamen sechs Kinder.
Gerne unterhielt er sich mit anderen über Gott und die Welt. Freunde schrieben diese „Tischreden" auf.

☞ Wieso wollte Martin Luther, dass überall Schulen errichtet werden?

☞ Warum war es für Martin Luther wohl wichtig, dass Pfarrer heiraten?

Die Reformation geht um die Welt

Martin Luther war nicht allein. Die Reformation, die Erneuerung der Kirche, ging weiter. Sie verbreitete sich über ganz Europa und kam bis nach Amerika.

Philipp Melanchthon war ein Freund Martin Luthers. Er half ihm beim Übersetzen der Bibel. Ihm war wichtig, dass jedes Kind in die Schule gehen konnte. So setzte er sich dafür ein, dass überall Schulen entstanden.

Ulrich Zwingli in der Schweiz (Zürich) war ein Vater der Reformierten Kirche. Wie Martin Luther übersetzte er die Bibel. Er forderte, dass alles, was von der Bibel ablenkt, entfernt werden sollte. So ließ er Bilder und Kruzifixe aus den Kirchen herausholen.

Martin Butzer lebte in Süddeutschland. Er schuf den Konfirmandenunterricht. Lange war er Pfarrer in Straßburg. Später half er, die Kirche in England zu erneuern.

Johannes Calvin in der Schweiz (Genf) gilt als einer der Väter der Reformierten Kirche. Für ihn war die Bibel das Wichtigste. Er wollte auch, dass sich alle für den Glauben mit voller Kraft einsetzen. Seine Gedanken verbreiteten sich in Frankreich, Holland, England und Amerika.

Landgraf Philipp von Hessen setzte sich als Fürst für die Reformation ein. Auf dem Reichstag 1529 in Speyer wollte der Kaiser überall wieder die katholische Messe einführen. Da rief er mit anderen: „Einspruch – Protestatio! Wir wollen das nicht!" Seither nennt man die Evangelischen auch „Protestanten".

Gegeneinander und Nebeneinander

Die evangelischen Kirchen entstanden vor rund 500 Jahren. Damals war es üblich, dass der Herrscher eines Landes über die Religion seiner Untertanen bestimmt. Wer einem anderen Glauben angehörte, musste den Glauben wechseln oder das Land verlassen. So wanderten viele Leute nach Amerika oder nach Russland aus.

Es wurden schlimme Kriege geführt. Der schlimmste war der Dreißigjährige Krieg (1618–1648). Mehr als die Hälfte aller Menschen in Deutschland starb, und das Land wurde verwüstet.

Auch als es keine Glaubenskriege mehr gab, wollten lange Zeit evangelische und katholische Christen nichts voneinander wissen. Evangelische Bauern haben an Fronleichnam ihren Mist ausgefahren, um die Umzüge der Katholiken zu stören. Katholiken störten dafür den Karfreitag, der für die Evangelischen wichtig war. Bis vor wenigen Jahren war es nicht gerne gesehen, dass Evangelische und Katholiken heirateten. Kinder waren in Schulen nach ihrer Glaubensrichtung getrennt. Es gab evangelische und katholische Schulen. In gemeinsamen Schulen zog man auf dem Schulhof eine Trennlinie. Evangelische und katholische Kinder sollten nicht miteinander spielen.

☞ Befrage ältere Leute, wie es früher einmal zwischen evangelischen und katholischen Christen war.

Gemeinsam in einem Boot

Das **Ökumene-Zeichen** vereint viele Symbole.

- Der Kreis ist ein Zeichen für die unendliche Liebe Gottes, die alles umschließt.
- Das Schiff erinnert daran, dass alle in einem Boot sitzen
- Wellen zeigen, dass manchmal das Schiff bedroht ist. Da muss eine Mannschaft gut zusammenhalten, damit das Schiff nicht untergeht.
- Der Mast zeigt das Kreuz, ein Symbol für Jesus.

☞ Was können Kirchen alles miteinander tun? Schreibt eure Gedanken auf.

Gemeinschafts-Haus

Ökumene stammt von dem griechischen Wort „Oikos" = „Haus". Das bedeutet: Alle Christen leben wie in einem Haus – dem Haus der Kirche. Das ist so, wie wenn man mit vielen Verwandten in einem Haus zusammenwohnt: mit Onkel und Tante, mit den Großeltern, mit Geschwistern und den Eltern. In einer großen Familie gibt es manchmal andere Meinungen, Missverständnisse und Streit. Aber man wohnt unter einem Dach und muss miteinander auskommen.

In einem großen Haus gibt es Wohnungen und Zimmer. Mit seinen Geschwistern und Eltern lebt man in einer Wohnung und hat sein eigenes Zimmer. Man braucht den Raum für sich. In Gemeinschaftsräumen kommt man zusammen. So stellt man sich auch die Gemeinschaft der Christen vor: Alle Kirchen leben unter einem Dach – dem gemeinsamen Glauben an Gott und Jesus. Jede Kirche hat einen anderen Weg, wie sie ihren Glauben lebt. Aber manchmal unternimmt man etwas zusammen, steht einander bei oder trifft sich zu einer gemeinsamen Feier.

☞ Gestaltet ein Zeichen, in dem das Haus vorkommt und das Gemeinschaft ausdrückt.

Gemeinsamer Glaube an Gott

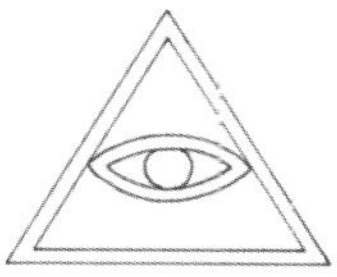

Gemeinsam ist allen Christen der Glaube an Gott. Er wird oft mit einem Auge in einem Dreieck dargestellt. Das Dreieck bedeutet die Einheit von Gott, Jesus und dem Heiligen Geist.

Ich glaube an Gott,
der für uns Menschen sorgt,
wie es gute Eltern tun.
Für ihn ist alles möglich.
Er hat alles auf der Welt geschaffen.

☞ Glauben – das heißt für mich ...

☞ Gott sorgt für uns wie „gute Eltern". Das meint ....

☞ Wenn für Gott alles möglich ist ....

☞ Der Künstler Walter Habdank hat dieses Bild für eine Kinderbibel gestaltet. Was zeigt es?

Gemeinsamer Glaube an Jesus

Gemeinsam ist allen Christen der Glaube an Jesus.

Ich glaube an Jesus Christus, den Sohn Gottes.
Er hat uns von Gott erzählt.
Durch seine Taten durften wir Gottes Liebe spüren.
Am Kreuz ist er gestorben.
Doch Gott hat ihn ins Leben zurückgeholt.
Er ist vom Tod auferstanden und ist nun bei Gott.
Am Ende der Zeit wird er wieder zu uns kommen.

☞ Keiner weiß heute, wie Jesus ausgesehen hat.
Wie stellst du ihn dir vor? Ergänze das Gesicht.

☞ Von Jesus kenne ich folgende Geschichten:

An Ostern feiern wir: Jesus ist vom Tod auferstanden.
Gott hat damit gezeigt, dass der Tod keine Macht mehr über uns hat.

☞ Ergänze: Wer die Hoffnung hat, dass nach dem Tod nicht alles vorbei ist, ...

Gemeinsamer Glaube an den Heiligen Geist Gottes

Gemeinsam ist der Glaube an den Heiligen Geist Gottes.
Er wird oft durch die Taube dargestellt.

Ich glaube an den Heiligen Geist Gottes.
Er verleiht Kraft und Mut, aufeinander zuzugehen.
Ich glaube an die christliche Kirche,
denn in ihrer Gemeinschaft kann Gutes entstehen.
Gott kann vergeben, wenn man Schlimmes getan hat.
Meine Hoffnung ist, dass wir vom Tod auferstehen
und dass Gott uns ewiges Leben schenkt.

☞ Den Mut und die Kraft zu haben, aufeinander zuzugehen: Auch ich habe das erlebt, als ...

☞ Vergeben, wenn einer etwas Schlimmes getan hat: Was spricht dagegen, was dafür?

☞ Zu einer Gemeinschaft gehört für mich:

☞ Das Gemeinschaftsbild hier stammt von Kindern.
Ihr könnt selbst ein solches Bild gestalten.

Gemeinsamer Einsatz für andere

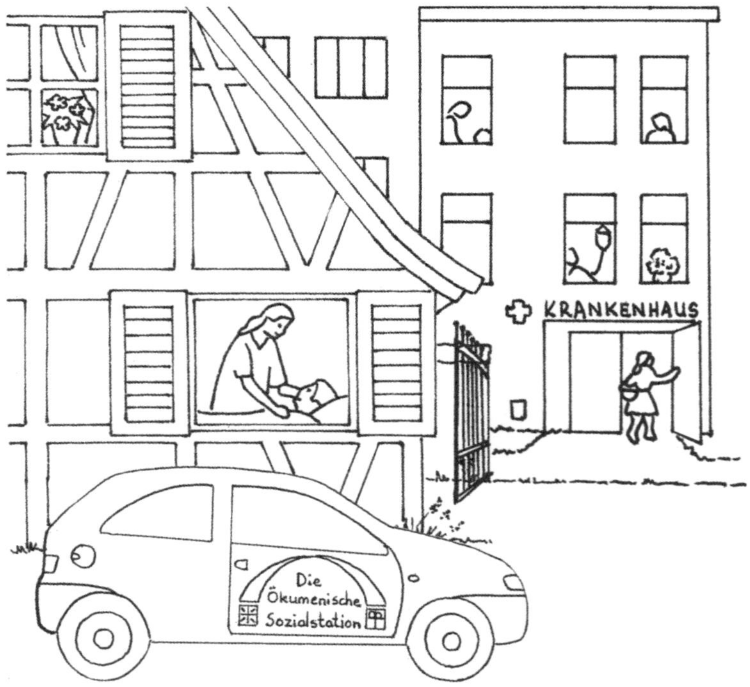

Jesus kümmerte sich um die Menschen. Er schaute nicht danach, welchem Glauben einer angehörte. In der Geschichte vom barmherzigen Samariter zeigte er: Sogar ein völlig Fremder kann einem zur Seite stehen.
So sehen es auch die Kirchen heute. Sie helfen Menschen hier und anderswo. Gemeinsam unterhalten evangelische und katholische Gemeinden „Ökumenische Sozialstationen". Sie kümmern sich so um Kranke, Alte und Menschen mit Behinderung. Mit der Aktion „Essen auf Rädern" bekommen Menschen eine warme Mahlzeit.

Folgende kirchliche Werke kümmern sich bei uns um Menschen

Hilfe für Menschen in unserem Land	**Diakonie** (evangelisch) bedeutet „Dienst"	**Caritas** (katholisch) bedeutet „Nächstenliebe"

Hilfe für Menschen anderswo	**Brot für die Welt** (evangelisch)	**Misereor** (katholisch) bedeutet: „Ich habe Erbarmen"

☞ Lies in einer Bibel oder einer Kinderbibel die Geschichte vom barmherzigen Samariter (Lk. 10, 25–37).

☞ Was müsste alles von den Kirchen getan werden, um Menschen hier und anderswo zu helfen?

Gemeinsam feiern: Kirchenfeste

☞ Gestalte einen Kalender zum Kirchenjahr. Welche der Feste sind gemeinsam, welche evangelisch und welche katholisch? Ihr könnt dies mit Farben markieren.

Advent
bedeutet „Ankunft". Der erste Advent ist der Anfang des Kirchenjahres, vier Sonntage vor Weihnachten. Es ist eine Nachdenkzeit für alle Christen. Man denkt an Jesus, der als Retter in die Welt kam. Symbol ist der Adventskranz mit vier Kerzen.

Nikolaus
ist ein katholischer Gedenktag am 6. Dezember. Auch evangelische Christen feiern ihn. Bischof Nikolaus half vor vielen Jahren armen Menschen. Heute bekommen Kinder Geschenke.

Weihnachten
„Weih" bedeutet altdeutsch „heilig". Am 24. und 25. Dezember feiern Christen die Geburt Jesu. Zuvor war der 25. Dezember ein römischer Feiertag für den Sonnengott. Die Christen übernahmen diesen Feiertag, denn Jesus ist für sie das Licht der Welt.

Dreikönigstag
ist ein katholischer Feiertag am 6. Januar. Man denkt an die Weisen aus dem Morgenland und den Stern. Später hat man in den Weisen drei Könige gesehen. Sternsinger sammeln heute am Dreikönigstag für arme Menschen anderswo.

Passionszeit
bedeutet „Leidenszeit". Zwischen Aschermittwoch und Ostern denkt man an den Weg zum Kreuz, an dem Jesus starb. Für Katholiken ist dies eine Fastenzeit. Manche evangelische Christen verzichten in der Zeit auf Fernsehen, Schokolade oder Alkohol.

Palmsonntag
ist der Sonntag vor Ostern. Christen denken an die Geschichte, als Jesus in Jerusalem einzog. Dort sollen die Menschen Jesus winkend mit Zweigen von Palmen begrüßt haben.

Gründonnerstag
ist der Donnerstag vor Ostern. Grün kommt von „greinen" (= weinen). Jesus hat an dem Abend mit seinen Jüngern das letzte Abendmahl gefeiert. Dabei sagte er ihnen, dass er sterben wird. Heute feiern Christen am Abend im Gottesdienst das Abendmahl.

Karfreitag
ist der Freitag vor Ostern. „Kar" bedeutet „Trauer". Jesus wurde an dem Tag zum Tode verurteilt und gekreuzigt. Viele Christen fasten an dem Tag und verbringen ihn nachdenklich in der Stille.

Ostern
ist das wichtigste und älteste Fest der Christen. Es erinnert daran, dass Frauen zum Grab Jesu kamen und es leer vorfanden. Jesus war auferstanden. Für Christen ist dies der Grund zur Hoffnung, dass Gott auch ihnen im Tod beisteht.

Himmelfahrt
ist 40 Tage nach Ostern. Jesus machte seinen Jüngern Mut, den Menschen von Gottes Liebe zu erzählen. Danach verschwand er in einer Wolke. Christen glauben, dass er nun bei Gott im Himmel ist.

Pfingsten
50 Tage nach Ostern („Pentekoste" = griechisch: fünfzig) trafen sich die Freunde Jesu in Jerusalem. Gott gab ihnen Kraft, um anderen von Jesus zu erzählen. Pfingsten ist heute ein Fest, an dem die Christen an die Gemeinschaft der Kirchen denken.

Dreifaltigkeitssonntag (katholisch) – Trinitatis (evangelisch)
Am Sonntag nach Pfingsten denken Christen darüber nach, wie Gott, Jesus und der Heilige Geist zusammengehören. In Jesus kam Gott als Mensch auf die Welt. Der Heilige Geist gibt Gottes Kraft, einander zu verstehen.

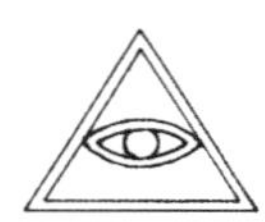

Fronleichnam
ist ein katholischer Feiertag. Er liegt zehn Tage nach Pfingsten (Donnerstag) und bedeutet „Leib des Herrn". In einer Prozession wird ein Zeigegefäß (= Monstranz) mit einer Hostie durch die Straßen getragen. Man zeigt damit: Jesus ist mitten unter uns.

Mariä Himmelfahrt
Am 15. August erinnern katholische Christen an Maria, die Mutter Jesu. Die katholischen Christen sehen sie als Heilige, die im Himmel nahe bei Gott ist. Zu ihr kann man nach katholischem Glauben beten, wenn man in der Not ist.

Erntedank
Meist am ersten Sonntag im Oktober wird Erntedank gefeiert. Mit einer schön geschmückten Kirche danken Christen Gott für alles, was er geschaffen hat. Und man denkt darüber nach, wie man die Welt schützen und bewahren kann.

Reformationstag
ist ein evangelischer Feiertag (31. Oktober). Er erinnert an Martin Luther, der in der Bibel entdeckte: Gott liebt alle Menschen, ohne dass sie etwas dafür tun müssen. Im Jahre 1517 soll er 95 Thesen (Streitsätze) an die Kirche in Wittenberg geschlagen haben.

Allerheiligen – Allerseelen
feiern Katholiken am 1. und 2. November. Allerheiligen erinnert an Menschen, die von der katholischen Kirche als „Heilige" angesehen werden. Außerdem erinnert man sich an alle, die verstorben sind. Ihre Gräber schmückt man mit Kerzen und Blumen.

Martinstag
ist am 11. November. Der heilige Martin soll einst seinen Mantel mit einem Bettler geteilt haben. Später wurde er Bischof. Auf Martinsumzügen ziehen Kinder mit Laternen durch die Straßen.

Buß- und Bettag
Das evangelische Fest liegt am vorletzten Mittwoch im November. Man denkt an alles, was man falsch gemacht hat. Und man darf Gott um Vergebung und um einen neuen Anfang bitten.

Ewigkeitssonntag – Christkönigtag
Evangelische Christen nennen den letzten Sonntag vor dem ersten Advent Ewigkeits- oder Totensonntag. Sie erinnern sich an die Menschen, die in diesem Jahr verstorben sind.
Katholiken nennen den Tag Christkönigtag.

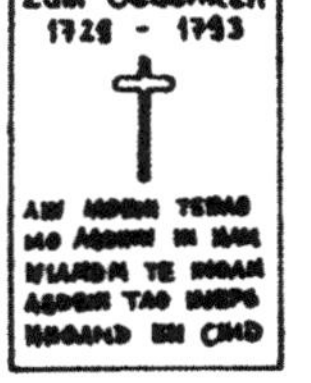

Das Gebet aller Christen

	Unser tägliches Brot gib uns heute.	
	Und führe uns nicht in Versuchung,	
	Vater unser im Himmel!	
	Dein Reich komme.	
	und die Herrlichkeit in Ewigkeit, Amen	
	Und vergib uns unsere Schuld,	
	Geheiligt werde dein Name.	
	Dein Wille geschehe	
	wie im Himmel so auf Erden.	
	wie auch wir vergeben unsern Schuldigern.	
	Denn dein ist das Reich und die Kraft	
	sondern erlöse uns von dem Bösen.	

☞ **Ordne das Gebet in richtiger Reihenfolge, indem du es nummerierst.**

☞ **Überlege dir, welche Handbewegung oder Körperbewegung man dazu machen kann.**

Übrigens: Das Vaterunser ist in über 2500 Sprachen übersetzt. Die Worte „Vater unser im Himmel" heißen auf…

Englisch:	Our Father, who art in heaven
Französisch:	Notre Père qui es aux cieux
Griechisch:	Pater imon o en tis uranis
Holländisch:	Onze Vader die in de hemel zijt
Italienisch:	Padre nostro, che sei nei cieli
Latein:	Pater noster, qui es in caelis
Spanisch:	Padre nuestro, que estas en el cielo
Tschechisch:	Otce nas, jenz jsi na nebesich
Russisch:	Otsche nasch, ische esi na nebesy

Evangelisch-katholischer Buchstabensalat

! Du hast nun einiges über die evangelische und katholische Kirche erfahren. Hier sind 15 Begriffe versteckt. Sie sind waagerecht, senkrecht und diagonal geschrieben.

1.	R	D	T	A	B	E	R	N	A	K	E	L	F	T	U
2.	A	M	I	G	Ö	U	A	D	F	I	K	L	M	P	R
3.	H	O	A	A	Ä	T	Q	M	A	M	A	R	I	A	U
4.	R	N	H	A	K	T	A	U	F	E	O	R	B	P	U
5.	E	S	U	S	D	O	D	E	U	H	U	D	S	S	M
6.	H	T	K	B	I	B	N	L	Ä	E	A	D	S	T	E
7.	K	R	A	V	K	L	E	I	K	N	Ü	Ö	D	T	S
8.	H	A	H	D	L	R	Z	F	S	F	P	E	M	U	S
9.	O	N	N	I	K	F	E	G	E	S	O	F	E	R	D
10.	S	Z	E	Z	E	D	K	U	I	N	E	A	C	M	I
11.	T	B	H	D	E	J	D	T	Z	S	L	C	F	K	E
12.	I	K	I	S	D	L	X	Z	U	T	Ä	J	E	N	N
13.	E	E	B	S	E	R	Z	E	A	E	Z	G	E	B	E
14.	A	I	E	G	C	J	U	R	I	R	O	G	F	W	R
15.	L	T	R	M	T	H	U	F	S	T	E	I	N	R	O
16.	H	O	N	B	R	Z	O	Y	P	Ö	O	S	B	D	U
17.	R	D	F	R	K	O	N	F	I	R	M	A	N	D	O
18.	W	E	I	H	W	A	S	S	E	R	U	M	B	N	S

Zeile: 1. Diakonisse (diagonal); Tabernakel (in der Zeile); 2. Monstranz (senkrecht); Papst (senkrecht); 3. Maria; 4. Taufe (waagerecht); 5. Messdiener (senkrecht); 7. Kanzel (diagonal); Kreuz (diagonal); 8. Hostie (senkrecht); 10. Altar (diagonal); 11. Bischof (diagonal); 16. Orgel (diagonal); 17. Konfirmand (waagerecht); 18. Weihwasser (waagerecht)

Das Kirchenspiel

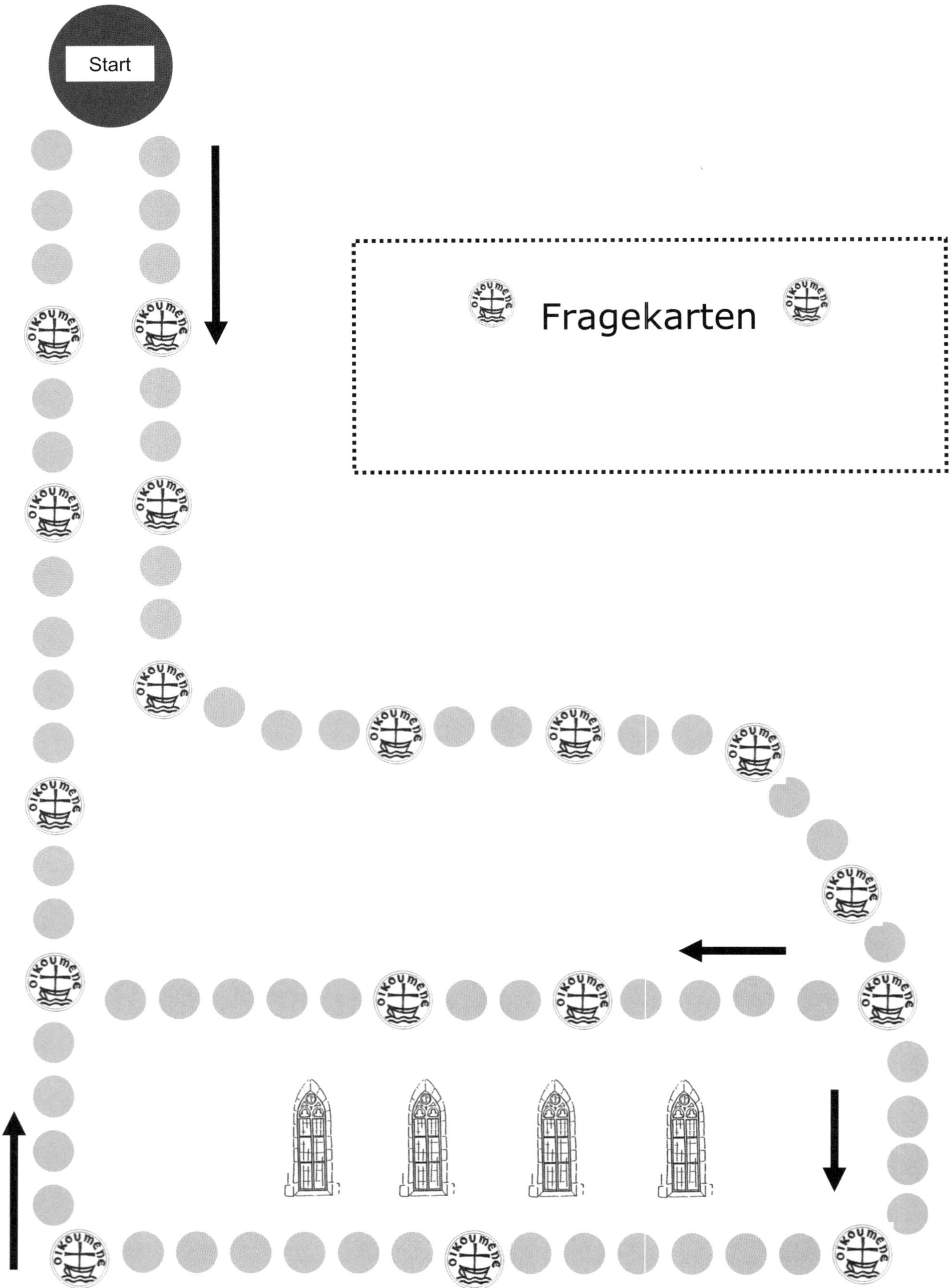

Das Kirchenspiel

Vorbereitung:
- Das Spielbrett wird auf DIN A3 kopiert und laminiert.
- Auch die „Informationen zum Kirchenspiel“ werden ausgeschnitten und auf den Tisch gelegt.
- Die Fragekarten werden größer kopiert (DIN A3), damit sie besser lesbar sind. Sie werden ausgeschnitten und so gefaltet, dass auf der einen Seite das Bild zu sehen ist und auf der anderen Seite der Text steht. Man kann diese aneinanderkleben oder auch laminieren (weitere Hinweise Seite 12).

Information zum Kirchenspiel

Spielerinnen/Spieler: Bis zu vier Mitspieler

Ziel: So viele Fragen wie möglich richtig beantworten und die Fragekarten sammeln.

Vorgehen: Jede/Jeder bekommt je einen Spielstein. Es wird wie bei „Mensch-ärgere-dich-nicht“ gewürfelt.

Wenn ein Spieler auf das Ökumenezeichen kommt, zieht der, der am nächsten dran ist, eine Karte. Er liest sie dem Spieler vor. Nur eine der drei Antworten ist richtig.

Wenn die Frage richtig beantwortet wird, bekommt der Spieler die Karte, wenn nicht, kommt sie wieder im Stapel nach unten.

Gespielt wird, bis alle Karten weg sind. Wer am Ende die meisten Karten hat, hat gewonnen.

Fragekarten

Beffchen 	**x** ist ein Kleidungsstück evangelischer Pfarrerinnen und Pfarrer. … ist ein Kleidungsstück katholischer Priester. … ist ein Ort, an dem Pfarrer predigen.	**Fronleichnam** 	… ist der Tag nach Allerheiligen. **x** ist ein Tag, an dem Katholiken mit einem Zeigegefäß (Monstranz), in dem eine Hostie ist, durch die Straßen ziehen. … erinnert an die Geburt Jesu.
Stola 	… müssen alte Damen im Gottesdienst tragen. **x** ist ein Kleidungsstück katholischer Priester. … ist ein Tuch, das über den Altar gelegt wird.	**Junker Jörg** 	**x** nannte sich Luther, als er auf der Wartburg die Bibel übersetzte. … nannte sich Paulus, als er seine Briefe schrieb. … war ein Gegner Martin Luthers.
Dreieck mit Auge 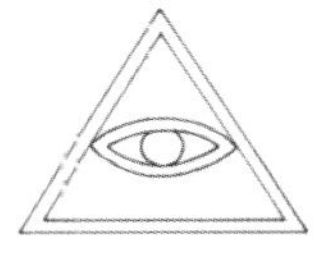	**x** ist ein Zeichen für Gott, Jesus und den Heiligen Geist. … ist ein Zeichen für Überwachungskameras in Kirchen. … ist kein christliches Zeichen.	**Barbara** 	**x** ist eine Heilige, die Katholiken mit einem grünen Zweig verehren. … war eine Königin in Ägypten. … war die Schwester des Petrus.

Kanzel 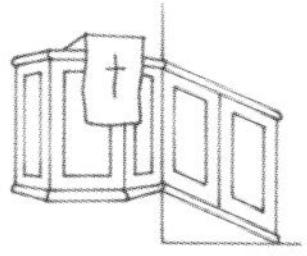	... darf nur ein evangelischer Pfarrer besteigen. ... steht nur in katholischen Kirchen. **x** ist wegen der Predigt der Mittelpunkt des evangelischen Gottesdienstes	**Reformationstag** 	... erinnert daran, dass der Papst die Kirche erneuert hat. **x** erinnert an die 95 Thesen (Streitsätze) von Martin Luther gegen den Ablasshandel. ... erinnert an den Geburtstag von Martin Butzer.
Altar 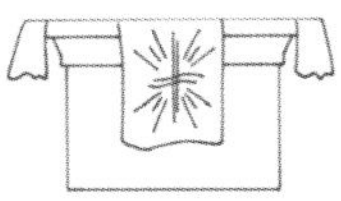	... ist der wichtigste Ort in einer evangelischen Kirche. **x** ist der wichtigste Ort in einer katholischen Kirche. ... ist der Ort, von dem aus gepredigt wird.	**Abendmahl** 	**x** wird bei Evangelischen mit Brot und Wein (Traubensaft) gefeiert. ... gibt es nur am Donnerstag vor Ostern (Gründonnerstag). ... bekommt nur der katholische Priester.
Beichte 	... wird in der evangelischen Kirche nicht abgehalten. **x** ist für Katholiken ein Sakrament und eine Pflicht. ... gibt es allein bei den evangelischen Christen.	**Hostien** 	**x** sind der gewandelte Leib Christi in der katholischen Kirche. ... sind Menschen, die in der Not helfen. ... sind kleine Schränkchen, in die das Abendmahlsbrot kommt.
Kreuz 	**x** ist das Zeichen aller Christen. ... ist ein Zeichen, dass man den Kirchengemeinderat wählen soll. ... ist allein das Zeichen der evangelischen Christen.	**Kirchenbänke** 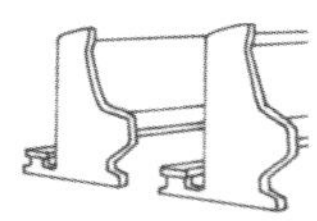	... haben in allen Kirchen auch Kniebänke. **x** haben nur in katholischen Kirchen Kniebänke. ... haben nur in evangelischen Kirchen Kniebänke.
Bibel 	**x** ist das Wichtigste für die evangelischen Christen. ... ist das Wichtigste für die katholischen Christen. ... ist ein Gesangbuch.	**Fisch** 	**x** ist ein altes Erkennungszeichen der Christen. ... ist das Zeichen für einen Unterwassergottesdienst. ... zeigt, wenn man beim Abendmahl auch Fisch gereicht bekommt.
Gesangbuch 	Darin stehen nur Lieder. Darin finden sich nur Lieder und Psalmen. **x** Darin findet man Lieder, Texte und wie der Gottesdienst abläuft.	**Ökumenezeichen** 	... ist ein Zeichen für die Rettung Schiffbrüchiger. **x** ist ein Zeichen dafür, dass Kirchen miteinander arbeiten. ... ist ein Zeichen für Gefahren in den Kirchen.
Bischof 	**x** ist das Oberhaupt in einer katholischen Diözese (Bezirk). ... ist das Oberhaupt aller Katholiken. ... ist der Vorsitzende des evangelischen Kirchengemeinderates.	**Franziskus** 	... war ein bayerischer Tierarzt. **x** ist ein Heiliger der katholischen Kirche, der mit Tieren sprach. ... war der Erfinder des dunklen Bieres.
Taufe 	... findet genau ein Jahr nach der Geburt statt. ... wird bei den Evangelischen durch die Eltern vollzogen. **x** gibt es in vielen freien Gemeinden nur für Erwachsene.	**Nikolaus** 	... war ein Papst. **x** ist ein Heiliger, der besonders von Kindern verehrt wird. ... ist der Erfinder der Schokolade.

Papst 	… ist das Oberhaupt aller Christen. … ist der höchste evangelische Pfarrer. **x** ist das Oberhaupt der katholischen Kirche.	**Weihwasser** 	… gibt es in allen Kirchen. **x** gibt es in katholischen Kirchen. … gibt es in evangelischen Kirchen.
Diakonissen 	**x** sind evangelisch und führen ein Leben für Gott und die Menschen. … nennt man evangelische Pfarrerinnen. … sind katholische Gemeindeschwestern.	**Christophorus** 	**x** ist der Heilige, der auf Reisen schützen soll. … war ein Freund Martin Luthers. … ist der Heilige der Kindergärten.
Orthodoxe Priester 	**x** dürfen eine Familie haben. … dürfen nicht heiraten. … leben alle in einem Kloster und gestalten Ikonen.	**Georg** 	**x** ist ein Heiliger, der vor dem Bösen schützt. … war ein römischer Kaiser. … ist ein Held der evangelischen Kirche.
Messdiener 	**x** helfen dem katholischen Pfarrer beim Gottesdienst. … helfen dem evangelischen Pfarrer beim Gottesdienst. … ist ein anderer Name für Sternsinger.	**Ev. Pfarrerin/ Pfarrer** 	… ist man, wenn der Bischof einen weiht. **x** ist, wer Theologie studiert hat und von einer Kirche eingestellt wurde. … kann jeder werden, den eine Gemeinde haben möchte.
Sankt Martin 	… war ein römischer Kaiser. … war der Hauptmann, der Jesus am Kreuz bewacht hat. **x** war ein Soldat, der einem Bettler einen Teil seines Mantels gab.	**Kath. Priester** 	**x** hat Theologie studiert, wurde vom Bischof geweiht und eingesetzt. … kann von jeder Gemeinde gewählt werden. … wird vom Papst in seine Gemeinde geschickt.
Firmung 	… müssen alle Christen machen. … machen evangelische Jugendliche, um im Glauben fest zu werden. **x** machen katholische Jugendliche, um im Glauben fest zu werden.	**Glaubens-flüchtlinge** 	… gab es, weil Martin Luther Europa eroberte. **x** gab es, weil die Landesherren über die Religion der Untertanen bestimmten. … gab es, weil ein Erdbeben war.
Erstkommunion 	… ist der Abschluss des Konfirmandenunterrichts. **x** ist für Katholiken die erste Teilnahme an der Eucharistie (Abendmahl). … erhält man zur Einschulung.	**Konfirmation** 	… müssen alle Christen feiern. **x** feiern evangelische Jugendliche, um im Glauben fest zu werden. … feiern katholische Jugendliche, um im Glauben fest zu werden.
Ikonen 	**x** sind heilige Bilder der orthodoxen Kirche. … heißen in der katholischen Kirche die Bilder des Kreuzwegs. … sind evangelische Bilder von Maria.	**Krankensalbung** 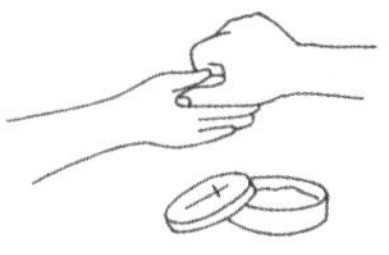	**x** ist ein Sakrament der katholischen Kirche. … macht man nur in evangelischen Krankenhäusern. … macht jeder Arzt nach der Behandlung.
Kreuzweg 	… ist ein Weg in der Form eines Kreuzes. … nennt man evangelische Jesusbilder. **x** sind Bilder der letzten Stunden im Leben Jesu in katholischen Kirchen.	**Mönche** 	**x** sind katholisch und haben ihr Leben Gott geweiht. … sind evangelisch und halten den Gottesdienst. … gibt es nur in Asien.

Bildnachweise

Illustrationen und Fotos von Claudia Held-Bez und Michael Landgraf

S. 59: Walter Habdank, aus: Reich Gottes – Auswahlbibel für katholische Schüler, München 1960

S. 60–65: Einzelne Piktogramme aus Michael Landgraf, Kinderbibel zum Selbstgestalten, Stuttgart 2007

Hinweise auf die Reihe

ReliBausteine – das ist eine erfolgreiche Reihe für den Unterricht in der Sekundarstufe I. Bisher sind die Bände „Religion, ‚Sekte', oder ...?", „Reformation", „Bibel", „Judentum" und „Eine Welt" erschienen. Die neue Reihe „ReliBausteine primar" für den Unterricht in der Grundschule besticht durch drei Elemente:

- Eine prägnante **Einführung** in ein komplexes Thema wird dargeboten, die sowohl Menschen in Ausbildung als auch Lehrenden in Schule und Gemeinde hilft, sachliche und didaktische Fragen zu klären.
- Elementare **Arbeitsmaterialien**, die unter den Bedingungen der Arbeit in Schule und Gemeinde leicht einsetzbar sind.
- **Kreativideen,** wie man im Unterricht oder über ihn hinaus aktiv werden kann.

Bisher ist in der Reihe ReliBausteine primar der Band „Kirche erkunden" erschienen.